CB135206

DINHEIRO QUE DORME A ONDA LEVA

MARCOS BRÍZIDO

DINHEIRO QUE DORME A ONDA LEVA

Invista, em vez de poupar.

LeYa

Copyright: © 2013, Marcos Brízido

Diretor editorial: Pascoal Soto
Editora executiva: Maria João Costa
Assessores editoriais: Bruno Fiuza e Raquel Maldonado
Editora assistente: Denise Schittine
Revisão de texto: Breno Barreto
Diagramação: Abreu's System
Designer de capa: Ideias com Peso
Imagem de capa: Corbis

CIP-BRASIL. CATALOGAÇÃO-NA-FONTE
SINDICATO NACIONAL DOS EDITORES DE LIVROS, RJ

B879d Brízido, Marcos
Dinheiro que dorme a onda leva / Marcos Brízido.
– Rio de Janeiro: Leya, 2013.

160 p. : 21 cm
ISBN 978-85-8044-656-2

1. Administração financeira 2. Finanças. I. Título.

13-0384. CDD: 658.15
CDU: 658.15

2013
Todos os direitos desta edição reservados a
TEXTO EDITORES LTDA.
[Uma editora do Grupo Leya]
Rua Desembargador Paulo Passaláqua, 86
01248-010 – Pacaembu – São Paulo – SP – Brasil
www.leya.com.br

Introdução

Este livro tem o objetivo de transferir conhecimento e de servir como um guia de planejamento financeiro pessoal.

Está escrito dentro de uma lógica de planejamento e execução. Ou seja, planejar o que fazer e dicas de como executar.

O conteúdo é baseado em metodologias próprias e experiências reais obtidas na prestação de serviços a clientes. Tenho a sensação, para não dizer convicção, de que cada hora de consultoria a um cliente específico traz dez horas de experiência. Nos últimos anos, dediquei parte significativa do meu tempo entendendo cada particular dos meus clientes. Com o tempo, situações muito parecidas traziam diferenças sensíveis e, portanto, recomendações diferentes. Olhando para o passado, não consigo enxergar outra forma de melhor servir um cliente além de usar a experiência adquirida com outros. Não é por acaso que um comandante deve ter um mínimo de mil horas voo ou ainda mil e quinhentas horas voo, caso não tenha formação superior em ciências aeronáuticas.

Também é objetivo do livro simplificar o entendimento de algumas questões que o mercado financeiro apresenta da forma correta, mas complexa. O correto e complexo pode não ser tão adequado quanto o simples.

Em relação aos diferentes perfis de cada indivíduo, é mais do que óbvio comentar que cada indivíduo tem suas próprias características. No entanto, muitas vezes suas próprias atividades profissionais deixam claro um pouco do seu perfil e aproximam um pouco os que exercem as mesmas funções. Tenho irmão engenheiro, cunhado engenheiro e vários amigos engenheiros. Nada contra eles, muito pelo contrário. No entanto, teria sido pouco gratificante atender somente engenheiros. O prazer de apoiar um roteirista de um filme, seguido de um plano financeiro para um médico e em seguida a consultoria para um proprietário de uma gráfica, é, com certeza, superior.

É exatamente a diversidade de "gente", com perfis específicos, profissões diferentes e outras características e valores que permitiram acumular conhecimento e reverter para outros indivíduos enquanto prestamos o serviço de consultoria.

Cada pessoa tem suas próprias experiências. Isto vai muito além do perfil. Não somos caixinhas numeradas e tampouco existe alguma estratégia que serve ao proprietário daquela gráfica e não de outra gráfica. Se conhecerem meu irmão e meu cunhado, verão como são bem diferentes.

Convido vocês para este bate-papo com o objetivo de deixar mensagens que sirvam como base para seus planos em busca da famosa independência financeira.

Como ponto de partida, tenham em mente que o que funciona para outros não necessariamente funciona para vocês.

Marcos Brízido

Sumário

CAPÍTULO

1

Invista, não poupe apenas

Por que investir além de poupar? Poupar é diferente de investir?

Quem poupa simplesmente reserva para um momento futuro. Quem investe transfere recursos para um projeto. Este projeto pode ser a construção de um capital para ser possível viver de renda no futuro ou um valor para abertura de um novo negócio, entre outros.

Não é necessário pensar para poupar. Investir demanda planejamento e visão de tempo.

Já foi bem menos comum ouvirmos sobre a necessidade de se poupar e de planejar as finanças. Também é cada vez mais comum ouvirmos que o ideal é poupar mensalmente um determinado percentual de nossas receitas. Neste momento, não quero comentar sobre um percentual que seria recomendado e tampouco recomendar que poupem.

Recomendo que invistam.

Sinônimos de poupar: conservar, economizar, guardar, preservar, resguardar.

Investir necessariamente significa destinar recursos para um objetivo específico. Para tal, é necessário saber o custo-benefício do investimento, seja um investimento em um banco, seja a criação de um novo negócio.

Convido você a acompanhar o meu raciocínio.

Para se investir é necessário pensar, e **minha primeira recomendação para você é: pare e pense.**

Pense se faz sentido alguém chegar até você com recomendações de investimentos pré-concebidas.

Pense se faz sentido você investir em algo sem pensar no resultado esperado com o passar do tempo.

Acompanhem-me em um caso hipotético: um empreendedor possui capital e quer abrir um novo negócio. Ele estuda o mercado, decide pelo segmento e define o modelo de negócios. Define os demais detalhes e começa o negócio. Olhando 20 anos depois, ele pode vender a empresa e obter como retorno de saída o valor da venda, de acordo com o percentual de participação que ele possui na empresa.

Se você investe um valor no mercado financeiro, na prática está decidindo investir este valor para futuramente resgatá-lo para (1) uso próprio na fase "viver de renda"; (2) investir novamente o valor resgatado no próprio mercado financeiro; (3) investir o mesmo valor em um novo negócio etc.

Não importa se em um momento inicial você está investindo no mercado financeiro porque não tem perfil empreendedor ou porque o montante não permite a abertura de um negócio.

O que nos interessa é refletir que investir requer pensar e avaliar o custo e a oportunidade da escolha que estamos fazendo. Muitas são as oportunidades do mercado e muitas são as variáveis que afetam os resultados, tais como risco, tempo mínimo necessário para se investir, capacidade de gerenciamento do investimento etc.

Minha segunda recomendação a você é: não deixe de tomar o seu café. Nenhum problema se você não gosta de café. Basta trocar a palavra café escrita na linha acima por algo que você gosta de tomar com frequência. Eu não vivo sem o meu café e gosto tanto de café que com o passar do tempo tenho sido cada vez mais crítico em relação à qualidade do café e à forma como ele é servido. Faria sentido deixar de beber o café ou beber com menor frequência para no momento que atingirmos a fase "viver de renda", podermos finalmente beber o nosso café no dia a dia?

Os mesmos que podem te recomendar que não beba o café, talvez também recomendem que você não vá a restaurantes, cinemas, bares ou shopping centers. Viajar por quê? Os aeroportos estão lotados e não existe melhor lugar do que a sua própria casa. É o seu lar!!!

Se fizer isto, pode até conseguir construir um patrimônio pessoal interessante, mas na prática está trocando viver hoje por viver somente quando não mais estiver com uma vida profissionalmente ativa. Não vale a pena! Busque o equilíbrio entre o **seu EU de hoje e o seu EU de amanhã.**

O desafio é independência financeira sustentável, e independência financeira é apenas um vetor da saúde plena.

Sem saúde física, viver de renda perde o sentido. Sem suporte familiar, ninguém é feliz na plenitude. Se isto é fato, basta pensar que o equilíbrio é chave na busca pela independência financeira.

Principais mensagens deste capítulo

- *Não poupe, invista porque investir é escolher uma opção, abrindo mão de outras.*
- *Pare e pense. Faça uma reflexão e procure entender porque está investindo em uma determinada opção. Crie o hábito de entender.*
- *Não deixe de tomar o seu "café" do dia a dia. Não vale a pena abrir mão de viver para atingir um objetivo futuro.*

CAPÍTULO

2

Organizando as ideias

Por onde devo começar?

Se estivéssemos falando da construção de uma casa, seria mais ou menos óbvio começar pelo projeto arquitetônico, mas estamos falando de finanças pessoais.

Você já deve ter ouvido falar das lâmpadas de LED. Em pouco tempo elas serão um tipo mais popular e mais em linha com o conceito de ter um custo um pouco maior na aquisição para economizar durante o tempo de utilização. Eu entendo perfeitamente a decisão de muitas pessoas em economizar na aquisição de lâmpadas sem pensar no custo mensal de energia elétrica.

Entendo também a busca por diminuição do valor do projeto arquitetônico e de engenharia de uma casa, independentemente do fato de um projeto mal planejado gerar alto custo de execução e manutenção futura.

Entendo, portanto, porque muitos não querem falar sobre planejamento financeiro e querem ir "direto ao ponto". Querem saber onde investir (**não se fala mais em poupar neste livro. O termo usado será apenas investir**), que produto de seguro comprar, que previdência comprar. Para estes, pouco importa saber se realmente precisam de seguro naquele montante e se aquele produto financeiro tem aderência ao seu perfil específico.

Só posso esperar que a lâmpada ilumine a visão destes!!!!

A ordem correta das coisas é planejar e executar, e não o contrário. É pensar e depois agir, e não o contrário.

Se você não pensar, creia que ninguém pensará por você. Se você não planejar, ninguém planejará por você. Esqueça simplesmente que contratar um planejador financeiro (falamos mais sobre esta função um pouco mais adiante), vai garantir que tenha um plano. Será necessário também que você queira planejar.

Uma das explicações para usualmente não planejarmos é que o maior prazer pode estar na execução. Basta pensar em algumas áreas de interesse e você chegará a esta conclusão. O que dá mais prazer? Pensar em que carro comprar ou efetivamente sentir o

cheiro do carro novo, fazer o test drive e fechar o negócio? É melhor pensar para onde viajar ou a viagem de fato? Façam uma pausa e ao invés de seguir lendo, procurem pensar em outros exemplos. A imaginação não ofende ninguém.

De volta para a leitura...

Devo identificar em detalhe a minha situação atual?

Devo primeiramente pensar sobre o meu futuro e meus sonhos?

Devo começar corrigindo erros que ficarão claros ao final desta leitura?

Na prática, precisamos começar estabelecendo algumas premissas importantes. Você deve pensar em um plano de longo prazo e, portanto, nada do que estiver escrito neste livro deve ser encarado como ação a ser tomada no dia seguinte à leitura. De fato, tenho a expectativa de que algumas dicas possam ajudar diretamente em algumas das ações que você já tomou de forma a corrigir o rumo das coisas. Porém, o objetivo deve ser maior. Deixe de lado as correções pequenas e pense longe, pense futuro, pense grande.

O primeiro passo é pensar no futuro. Esqueça, por enquanto, a sua situação atual. Não importa onde você trabalha, se você é empresário ou funcionário, se mora na capital do seu estado ou em uma pequena cidade do interior. Não minimize seus sonhos. Não determine metas limitando caminhos em função de sua realidade atual. No outro oposto, não pense que porque já tem um grande patrimônio ou é sócio de uma empresa de porte, você não tem problemas para resolver. Pense onde estará, como estará e que qualidade de vida quer ter. Imagine você no futuro.

Certa vez, em visita ao Rio de Janeiro, estive diante de um empresário e ouvi diretamente dele, sócio majoritário de uma gráfica, que sua empresa quase tinha falido pouco tempo atrás, mas que o problema tinha sido resolvido e que este risco não existia mais. A minha vontade era de rir, mas como fui convidado por um ex-companheiro de empresa, apenas me calei e torci para que ele dissesse o que merecia este "pobre" empresário. Lamentavelmente, ele nada disse.

O fato é que se de um lado as pessoas com um grande caminho a percorrer têm dificuldade em buscar seus objetivos, prejudicados pela influência de sua própria situação atual e pela dificuldade em encontrar pessoas que as aconselhem, de outro, os bem-sucedidos, sonham demais e entre estes sonhos está o sonho de que continuarão sendo bem-sucedidos em seus respectivos negócios ou em suas respectivas carreiras. Estes últimos não estão acostumados a ouvir que suas empresas podem falir, que existem riscos de diferentes naturezas e outros detalhes. Aprendi ao longo dos anos que não é somente culpa deles. É também culpa daqueles que estão diante deles somente para aplaudir.

Voltando ao primeiro passo, que é pensar no futuro.

Onde você pretende estar quando começar a viver de renda?

Em que país? Em que cidade? Lógico que planos existem para serem revisados, mas metas de longo prazo devem ser estabelecidas. Alguém decidiu onde você nasceria, mas esqueceram de te avisar que você pode ir aonde quiser. Pense que você é alguém do mundo. Eu nasci em Jundiaí, onde fiquei boa parte de minha vida. Já residi em Campinas por algum tempo, em São Paulo por alguns bons anos e há alguns anos me mudei para Atibaia. Excelente cidade para se morar, mas não sou de Atibaia, assim como não fui de Jundiaí, Campinas ou São Paulo. Sou apenas um morador de Atibaia, os meus sonhos estão escritos e não são parte deste livro.

Qual o padrão de vida que você pretende usufruir quando começar a viver de renda?

Você se enxerga na mesma função atual quando começar a viver de renda? Pergunto isto porque começar a viver de renda não tem nada a ver com aposentar-se. A má notícia é que se você é funcionário de uma empresa, certamente em algum momento terá que mudar a sua carreira. O mercado evolui e muda rapidamente. É cada vez

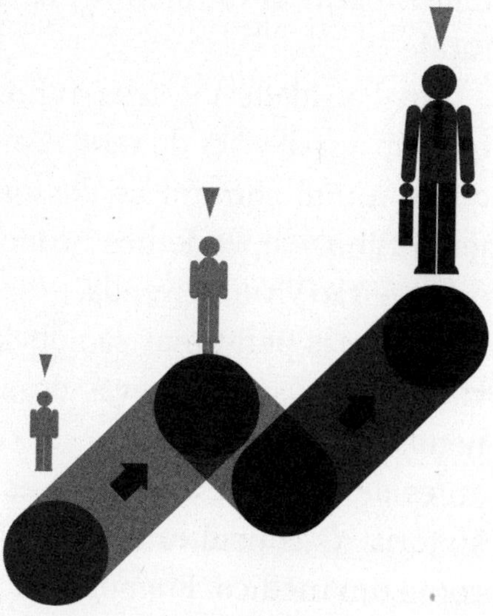

mais comum encontrar executivos na faixa dos 40 anos em funções de primeiro escalão e, aos 50 anos, parte destes já está em processo de desligamento planejado. Em uma das prestações de serviço de consultoria, tomei conhecimento que uma empresa do ramo hoteleiro iniciava o processo de desligamento de seus principais executivos, três anos antes do desligamento oficial. Ao trabalhar assim, a empresa permitia um melhor planejamento do funcionário, dando a ele a facilidade de pensar numa nova carreira, um outro plano de saúde e outros benefícios.

Entre os vários efeitos do desligamento, está o plano de saúde de ótimo padrão que deixa de ser um benefício da empresa e passa a ser uma das maiores despesas pessoais do tal fulano. Há algum tempo, li em uma revista semanal que uma determinada família se mudou de cidade para ter um plano de saúde mais acessível. A tendência é de aumento dos prêmios com planos de saúde.

Qual a idade de seus filhos e demais dependentes quando a fase viver de renda começar? Pergunto isto porque é muito comum as pessoas perceberem que ainda terão filhos dependentes economicamente na nova fase em que vão viver de renda.

Algumas perguntas são óbvias. Outras são menos óbvias. Outras são invasivas e outras são encaradas como petulantes. Por isto adoro ser consultor. Já era consultor antes de comprar a ideia de abrir uma empresa de consultoria. O consultor deve perguntar. O consultor é tal como um médico. Engana-se aquele que sai da consulta e diz que o médico não era bom porque parecia ser frio, nada emotivo, um pouco distante. O médico está fazendo o trabalho dele, assim como deve fazer o consultor ou planejador financeiro.

Vamos então para perguntas um pouco mais invasivas. Você é casado? Se sim, seu esposo ou esposa trabalha? Seu companheiro ou companheira é dependente economicamente? Já refletiu sobre o que pode acontecer com um possível divórcio?

Você já refletiu sobre a hipótese de seus filhos não trilharem o bom caminho e o impacto que isto pode gerar em seu planejamento financeiro? É óbvio que podem existir outros efeitos colaterais mais importantes do que perdas financeiras, mas, neste momento, peço que reflitam sobre o impacto financeiro.

Já pensou como fará para recusar um empréstimo a um vizinho, um irmão ou irmã, pai ou filho? Aí está uma tarefa pra lá de difícil. Incluí o vizinho para dar a sensação de algo não complexo. Basta dizer não ao vizinho. O problema é que a facilidade termina aí. Como recusar ajuda a um ente querido? A decisão é individual. O meu objetivo é trazer a realidade que encontro nas minhas consultorias. Muitas famílias sofrem porque enquanto uma geração deveria se preparar para viver de renda, esta muitas vezes tem que abrir mão deste planejamento para ajudar aqueles que não pensaram em planejar. A decisão do que fazer cabe a cada um de nós, mas essencialmente, o conforto de hoje pode ser o desconforto de amanhã. A lógica vale para tudo, inclusive para dinheiro. Muitas vezes, vale mais um não desconfortante agora do que um problema maior no futuro.

Independência Financeira é tema recorrente nos dias de hoje. No Brasil é verdadeiramente algo mais recente, mas em algumas regiões como os Estados Unidos e alguns países da Europa isto é tema-base para qualquer adolescente.

O que existe de diferente e complementa o termo é o conceito de plena. Independência Financeira Plena é a conquista de algo que nos dê a segurança que irá perdurar enquanto assim quisermos. A premissa básica é consumir somente a parte dos juros, sem consumo do valor principal. Em outras palavras, enquanto vivemos de renda, o valor do patrimônio não perde o seu valor de compra e, portanto, estamos financeiramente preparados para viver além dos 100.

PARADOXO DA ATUALIDADE – NÓS VIVEMOS MAIS

A expectativa de vida do brasileiro aumentou 25 anos nos últimos 40 anos.

Em breve, será comum vivermos mais tempo sem possuir renda ativa do que trabalhando para gerar receita.

Aposentadoria versus Viver de Renda

A aposentadoria precoce pode ser um veneno para a saúde e precipitar doenças que encurtem a vida. Uma equipe de estudiosos acompanhou, durante 26 anos, mais de 3500 funcionários de todos os níveis socioeconômicos da Shell americana no estado do Texas. Os da-

dos colhidos revelam que as pessoas que se aposentam aos 55 anos correm mais risco de morrer antes do que as pessoas que se aposentam aos 65. Em média, os funcionários da Shell que se aposentaram aos 55 anos viveram até os 72. Os que saíram do emprego aos 60 viveram até os 76. E os que se aposentaram aos 65 anos viveram até os 80.

Ocorre que falamos aqui de aposentadoria, e não de viver de renda, e isto faz uma tremenda diferença. O conceito básico de se aposentar que aprendemos é o de parar de ter atividade profissional. Atualmente é bastante comum que as pessoas busquem as suas independências financeiras e que ao começarem a viver de renda, busquem exercer outras funções, muitas vezes sem o compromisso que tiveram ao longo de suas carreiras. Trata-se da oportunidade de iniciar a sua segunda carreira na atividade dos sonhos, na nova atividade que surge no mercado etc.

Principais mensagens deste capítulo

- *Você deve começar definindo o futuro. O risco de começar inventariando o presente está em inibir os seus sonhos.*

- *A ordem correta das coisas é planejar e executar, e não o contrário. É pensar e depois agir, e não o contrário.*
- *Não importa se você está apenas começando ou já possui um patrimônio suficiente para viver de renda, procure ter um plano.*
- *Não confunda aposentar-se com viver de renda e esteja preparado para viver além dos 100 anos.*

CAPÍTULO

3

Em busca do equilíbrio

Não é possível planejar as finanças pessoais sem considerar elementos da carreira profissional, o ambiente familiar, como cuidamos do nosso motor (o corpo) e demais frentes.

Portanto, a base de tudo é o equilíbrio entre as várias frentes exibidas abaixo.

O equilíbrio é que pode trazer a saúde plena e, portanto, fazemos uso do termo comumente utilizado na frente física para definir o nosso conceito de saúde na plenitude.

Adotando a terminologia frente para cada um dos losangos acima representados, podemos concluir que uma frente mal trabalhada pode prejudicar as demais, muitas vezes não importando a qualidade com que gerenciamos a "saúde" na frente específica.

Vamos refletir a respeito!!!

De que adianta você desenhar um excelente plano financeiro de longo prazo se este depender das receitas provenientes da sua carreira profissional e você não fizer a lição de casa na sua carreira? Um assunto está ligado ao outro. Uma frente está ligada à outra. É muito comum pessoas dedicarem tempo em demasia a uma das frentes, e, como nosso tempo é limitado, dedicação em excesso a uma frente pode significar abdicar de cuidar de outra frente. Novamente, o importante é o equilíbrio.

Muitas vezes nos protegemos em uma determinada frente por medo de encarar outra, por ignorar outras ou mesmo por mero desconhecimento da importância de viver em equilíbrio.

De que adianta você ter um excelente planejamento financeiro se o seu corpo não está sendo cuidado para funcionar até os 90 anos? Certa vez ouvi (em tom de brincadeira) de um fumante que para não correr o risco de morrer pobre por não acumular o volume de patrimônio necessário, aumentaria progressivamente o número de cigarros que iria fumar ao dia. Embora tenha sido um comentário de mau gosto, a lógica que está por trás é similar a se defender por não saber lidar com a realidade e com eventuais fraquezas. Neste caso, em tom de brincadeira, o cidadão dizia que não terá condições de viver dignamente na velhice e prefere então morrer mais cedo.

A saúde plena é obtida com o equilíbrio em cada uma das frentes e podemos aprender e melhorar em uma delas, com o sucesso obtido em outra. Exemplo: o obeso que tinha como meta emagrecer e não conseguia. Planejava mas não conseguia chegar lá. Também não conseguia ter foco no trabalho, não atingia as metas. Até que ele conseguiu trilhar um caminho e conseguiu emagrecer. Seria coincidência o fato de que ele começou a obter sucesso em outras áreas ou o fato de ele ter atingido uma de suas metas gerou mesmo confiança suficiente para seguir com sucesso em outras áreas?

Pensando sobre a ligação entre a frente familiar e a financeira. No início de nossas vidas não temos responsabilidade alguma. Temos ou deveríamos ter todo o suporte dos nossos entes ou responsáveis. Com o passar do tempo esta lógica vai se invertendo e é exatamente quando construímos uma nova família que a lógica se inverte totalmente. No entanto, muitas vezes temos ainda a responsabilidade de ajudar aqueles que no início de nossas vidas nos davam suporte. É muito mais fácil pensar que o nosso companheiro (esposa ou marido) só trará felicidade, que nossos filhos não trarão problemas, que nossos pais não precisarão de ajuda. Também faz muito mais sentido pensar no casamento para a vida toda. O problema é que isto se chama teoria e na prática a coisa muitas vezes é diferente. O casamento pode terminar, os nossos pais podem precisar de ajuda. Desta forma, família é algo lindo, mas que também pode afetar os nossos planos financeiros. Cabe a você refletir sobre o assunto e procurar mitigar os vários riscos com planejamento ou dormir em berço esplêndido torcendo para que sua história seja somente repleta de eventos bons e previsíveis.

Em finanças pessoais encontramos as mesmas dificuldades que encontramos nas demais frentes.

Muitas vezes o que é intuitivo é errado. É bastante lógico ficar sem comer para emagrecer. No entanto, caso ainda não saiba, ficar sem comer pode engordar por mera defesa do nosso corpo. Se tiver dúvidas, procure em especialista. Outro exemplo que pode atrapalhar no nosso planejamento é a ausência do produto seguro de vida. O volume de seguros de vida contratados é ainda muito pequeno, frente às necessidades impostas para os indivíduos. Vários são os motivos para esta situação, mas quero focar na questão de que seguro é muitas vezes encarado como custo e, sendo custo, pode atrapalhar a minha meta de independência financeira. Certo? Errado. Adquirir um seguro de vida (se eu realmente tiver esta necessidade) é se preparar para o inesperado e se proteger de eventos que possam comprometer a sua independência financeira. Parece lógico, mas são poucos os que pensam desta forma. Se você pensa assim, ótimo.

O EFEITO COLATERAL

Saúde física não está ok: baixa produtividade, menor receita, impacto financeiro.

Saúde familiar não está ok: estresse, perda de foco nas demais áreas, perdas financeiras.

Saúde financeira não está ok: baixa produtividade no trabalho, estresse, perda de receita no trabalho (pense em alguém comissionado caso você não seja).

Os exemplos acima poderiam ser representados em forma de um CÍRCULO VICIOSO. Um exemplo seria: SAÚDE FÍSICA RUIM, baixa motivação no trabalho, perda de produtividade, estresse, ganho de peso, conflitos em família, SAÚDE FÍSICA RUIM.

Na prática, temos que buscar um círculo VIRTUOSO. Temos que inverter a tendência. Se algo ruim, negativo, pode trazer efeitos colaterais, a boa notícia é que algo bom, positivo, pode trazer efeitos positivos.

Danos em família: problemas familiares podem gerar danos morais e financeiros. As pessoas se comportam das formas mais diferentes e são exatamente as diferentes condutas que fazem com que terceiros as classifiquem como seres humanos melhores ou piores.

Deixando as possíveis classificações de lado, vamos aos efeitos do conflito de pensamentos entre pessoas de uma mesma família. Peço maior reflexão àqueles que não aceitam a ideia de haver danos morais e financeiros entre familiares, por conceberem a família como um ambiente perfeito em harmonia e amor.

Os conflitos em família são mais frequentes do que podem parecer e o ambiente harmonioso, o afeto entre parentes, a felicidade, a construção de objetivos comuns, tudo pode se perder, sem a possibilidade de restauração daquele ambiente construído a base de preceitos apenas positivos. O que ocorre depois que a situação já é irreversível é o que afeta a saúde financeira, e mesmo que um juiz considere que houve dano a ser reparado ou compensado e, portanto, haja responsabilidade civil de uma das partes, havendo alguma forma de ressarcimento financeiro, não haverá ressarcimento moral, e isto afeta, em consequência, a saúde emocional.

Nós temos a opção de escolher, como definiu o economista Eduardo Gianetti da Fonseca, entre ficar na posição de credor ou de devedor com relação ao próprio futuro. "Quando alguém adia o consumo para ter um prazer ou perspectiva maior no futuro está na posição de credor, mas se a pessoa prefere ter prazer hoje e não pensar no amanhã, se torna devedor", resume Gianetti, que tratou do tema no livro "O Valor do Amanhã".

Radicalizar tanto para um lado quanto para o outro, porém, pode ser perigoso. O ideal é buscar o equilíbrio.

Temos que buscar o equilíbrio ao pensar sobre a importância do dinheiro. Não devemos desdenhar ou não dar valor ao dinheiro e tampouco achar que a riqueza resolverá todos os problemas. Os dois extremos trarão inconvenientes. Mais uma vez, o ideal é o equilíbrio.

Principais mensagens deste capítulo

- *O segredo para a saúde plena é o equilíbrio entre as várias frentes (Financeira, Física, Familiar, Profissional, Emocional e Espiritual).*
- *Nenhuma frente é suficientemente importante para compensar todas as demais e fazê-lo feliz na plenitude.*
- *As várias frentes estão conectadas e isto pode gerar efeitos colaterais. Um problema ou um desgaste em uma das frentes pode afetar o resultado almejado em uma ou mais frentes.*
- *Procure transformar potencial círculo vicioso em círculo virtuoso. Inverta a tendência.*

CAPÍTULO

4

Fases da vida financeira

Uma questão importante para entender o perfil de um indivíduo é entender em que fase da vida financeira ele se encontra. A base do seu planejamento financeiro deve incluir a fase financeira como uma das variáveis importantes para suas decisões.

O que ocorre é que muitos responderiam com uma pergunta: o que devo entender por fase da vida financeira? Quais são as fases da vida financeira de um indivíduo?

Podemos dividir nossa vida financeira em quatro fases, que são: **Acumulação, Consolidação, Consumo e Distribuição.**

As fases de Acumulação e Consolidação são as duas que antecedem o alvo de independência financeira e as fases de Consumo e Distribuição sucedem a independência financeira. O objetivo seguinte à independência financeira é perpetuá-la, torná-la plena. Por isto podemos dizer que um indivíduo na prática busca a independência financeira plena e este termo você encontrará novamente nos capítulos seguintes.

Ainda antes de identificar em que fase da vida financeira você está, precisamos conceituar as variáveis a seguir:

Patrimônio: volume de investimentos financeiros ou imobilizados na data atual (é fato que se alguém tem dívidas, o valor das dívidas altera o valor do patrimônio líquido, mas no exemplo abaixo vamos considerar alguém que não tenha dívidas ou passivos). Outro ponto de atenção é o que você pode ou não incluir como parte do seu patrimônio para efeito de projeção do seu patrimônio futuro. Um exemplo clássico é o imóvel de sua propriedade, que não pode ser incluído porque faz parte da sua qualidade de vida. Em outras palavras, todo o patrimônio que faz parte da sua qualidade de vida não deve ser incluído para efeito deste cálculo.

O mesmo exemplo caberia para um imóvel no campo ou na praia que serve como lazer, sendo que neste caso você pode considerar este imóvel no cálculo, apenas na hipótese de considerar a venda do imóvel no curto ou médio prazo, transformando o que era lazer em parte do seu patrimônio financeiro.

Prazo: é o tempo entre a data atual e a sua idade alvo para a nova etapa da sua vida, que a partir de então podemos chamar de "viver de renda". Atingir a independência não é se aposentar. É ter a possibilidade de viver de renda.

Alvo de independência financeira (IFP): é o volume de patrimônio alvo na idade futura (idade que determinou o prazo acima: IDADE FUTURA – IDADE ATUAL = PRAZO)

A determinação do valor correto para alvo de independência financeira é fundamental. Não planejar é aumentar em muito a probabilidade de não se atingir o objetivo, mas planejar algo enganoso, mentiroso, subestimar o número, também o deixará longe do objetivo.

Como então calcular o número de IFP?

A informação primária e básica é a sua necessidade de Qualidade de Vida futura (QV*f*). Em outras palavras, é o nível de despesas que você projeta ter quando iniciar a fase "viver de renda". Lembre-se de projetar as idades dos filhos e o consequente nível de despesas adicionais em decorrência da educação e outras despesas. Se você for solteiro e não tiver filhos ou ainda for casado, mas sem filhos, também deve refletir sobre estes eventos e o impacto de uma projeção de atingir o alvo de independência financeira aos 50, 55 ou 60 anos.

Vamos supor então que a sua QV*f* é R$ 10.000,00 mensais.

A segunda informação importante é a rentabilidade anual projetada para um investimento, já descontada a inflação. Trata-se de quanto um determinado valor investido pode gerar de renda a um indivíduo. Vamos considerar o valor de 4% ao ano. Ou seja, estamos considerando que é possível viver com o correspondente a 4% ao ano sobre o valor total investido. Este cenário considera que estamos fazendo uso apenas do ganho real e, portanto, o capital investido não perderá o seu valor no tempo. Outra forma comum de comentar é que desta forma você não invade o seu capital e consome apenas o ganho real acima da inflação.

Você não deve confundir o que é possível obter de rentabilidade acima da inflação antes de atingir o IFP e após atingir o IFP, iniciando a fase de consumo. Independentemente do seu perfil, quando atingir o IFP e iniciar a fase "viver de renda", deverá ser mais conservador. Este é o motivo pelo qual estamos usando 4% ao ano para o cálculo do IFP e nos exemplos seguintes usamos 5% ao ano para projetar o crescimento do patrimônio atual.

Com as duas definições acima, podemos calcular o seu IFP.

QV*f* = R$ 10.000,00 mensais ou;

QV*f* = R$ 120.000,00 anuais

Rentabilidade acima da inflação = 4% ao ano

IFP = R$ 120.000,00 / 4% ou IFP = R$ 120.000,00 / 0,04

IFP = R$ 3.000.000,00

A conclusão é que se alguém determina uma qualidade de vida futura de R$ 10.000,00 mensais, terá um alvo de IFP = R$ 3.000.000,00.

Agora que você já entendeu o cálculo, basta multiplicar a sua QV*f* por 300.

Exemplo:

Se sua QV*f* = R$ 5.000,00 mensais, então o seu IFP = R$ 1.500.000,00

Se sua QV*f* = R$ 8.000,00 mensais, então o seu IFP = R$ 2.400.000,00

Utilizando-se das variáveis acima, você consegue determinar em que fase você se encontra. Calcule o valor do seu patrimônio na idade futura, idade alvo para a IFP. Se o valor final for inferior ao alvo de IFP, você está na fase de Acumulação. Se o valor final for superior ao alvo de IFP, você está na fase de Consolidação. Veja que não consideramos a sua capacidade de investimento.

Exemplo:

O indivíduo tem 39 anos de idade e possui R$ 400.000,00 em investimentos;

Pretende atingir a independência financeira aos 55 anos e, portanto, o prazo é de 16 anos;

Supondo que o valor alvo (IFP) seja de R$ 2.100.000,00. Ou seja, ele ainda tem que construir R$ 1.700.000,00 para atingir o objetivo.

Vamos projetar uma rentabilidade anual de 5%, já descontada a inflação para calcular o patrimônio futuro após os 16 anos.

Trata-se de um cálculo de um valor futuro considerando um valor atual.

VF(TAXA;NPER;PGTO;VP;TIPO), *sendo VF o valor futuro a ser calculado.*

TAXA = taxa de juros = 5% ao ano.

NPER = número total de períodos de pagamento, que neste caso são anos = 16

PGTO = pagamento feito a cada período. Neste caso não estamos considerando nenhum aporte durante o período. Portanto, deixaremos com o número 0(zero).

VP = valor atual dos investimentos = R$ 400.000,00.

TIPO = 0 ou 1 e indica as datas de vencimento dos pagamentos. Se indicar 1, considera fazer os investimentos no início dos períodos (ex: no início de cada ano). Se indicar 0, considera fazer os investimentos no final do período.

VF(5%;16;0;400000;1)

O resultado é R$ 873.149,84 e, portanto, bem abaixo do alvo de R$ 2.100.000,00. Ele ainda está na fase de Acumulação.

Trata-se de uma reflexão sobre a situação atual e objetivos futuros para ajudar na decisão do que é mais importante neste momento e em um plano de curto prazo. Em outras palavras, entender em que fase financeira você está pode alterar a importância das coisas. Algo que não faz sentido para você hoje fará daqui a alguns anos. Algo que não fará sentido para você daqui ou alguns anos faz total sentido hoje.

Continuar investindo novo capital é mais importante na fase de Acumulação do que na fase de Consolidação.

Convido você a ler e entender os cenários abaixo. Você verá as variáveis que definimos anteriormente e é importante que as entenda totalmente. Se ao ler tiver alguma dúvida, pare e volte para as definições.

Cenário 1

Indivíduo com 30 anos

Patrimônio = R$ 200.000,00

Prazo: 15 anos

IFP: R$ 2.100.000,00

Este indivíduo está claramente na fase de **Acumulação**: o prazo é longo, mas o patrimônio ainda é pequeno em relação ao alvo de IFP e, portanto, é extremamente importante a capacidade de investimento. Neste cenário, a recomendação é avaliar no detalhe o nível de despesas, características das receitas e, em consequência, a capacidade de investimento.

O valor da capacidade de investimento maior ou menor, investido no tempo, trará uma maior ou menor probabilidade de atingir o alvo de IFP.

Nesta fase, a importância relativa da capacidade de investimento é bem superior às demais fases. Isto significa que este é o momento para aumentar a capacidade de investimentos.

Como em qualquer planejamento, várias são as variáveis importantes e não basta identificá-las. É necessário avaliar a importância relativa entre elas no cenário que se apresenta. Este exemplo conceitua que investir é muito importante, mas não é a única variável para atingir o seu objetivo.

Cenário 2

Indivíduo com 30 anos
Patrimônio = R$ 1.500.000,00
Prazo: 15 anos
IFP: R$ 2.100.000,00

Este indivíduo está na fase de **Consolidação**: o prazo é longo e o patrimônio é alto se comparado ao alvo. Continua sendo importante acumular com novos aportes, mas uma boa gestão dos investimentos atuais levará o patrimônio ao alvo estipulado na idade futura especificada para atingir a independência financeira. Desta forma, boa parte do foco deve estar em gerir o patrimônio com eficácia. Ou seja, cuidar muito bem do que você já construiu. Com uma boa gestão de riscos e uma boa gestão do patrimônio, a capacidade de investimento pode ficar em segundo plano. Se alterássemos a variável prazo de quinze anos para cinco anos, mudaria completamente a relevância do investimento.

Os dois cenários acima tratam casos extremos. O primeiro de um patrimônio bem distante do alvo e o segundo de um patrimônio mais próximo do alvo. Ambos com prazo longo.

Traçando um paralelo entre os dois cenários acima e supondo que tivéssemos uma única coisa a fazer em cada caso, a recomendação seria a seguinte:

Para o cenário 1, focar muito na capacidade de investimento e não dedicar muito tempo para gerir o que já construiu.

Para o cenário 2, focar muito em gerir muito bem o que já construiu e não se cobrar muito no caso de não conseguir boa capacidade de investimento. Neste cenário, é bem provável que você atinja sua independência financeira sem investir sequer um centavo a mais.

Agora vamos ver um novo cenário para o qual é mais difícil identificar a fase da vida financeira.

Cenário 3

Indivíduo com 30 anos

Patrimônio = R$ 1.100.000,00

Prazo: 15 anos

IFP: R$ 2.100.000,00

Fase de Acumulação ou Consolidação?

O patrimônio já superou 50% em relação ao alvo, o prazo é longo e devemos efetuar o mesmo cálculo do primeiro exemplo deste capítulo para obter o patrimônio futuro projetado e determinar em que fase financeira este indivíduo se encontra.

Vamos, mais uma vez, arbitrar uma rentabilidade anual de 5%, já descontada a inflação.

VF(TAXA;NPER;PGTO;VP;TIPO)

TAXA = taxa de juros = 5% ao ano.

NPER = número total de períodos de pagamento, que neste caso são anos = 15

PGTO = pagamento feito a cada período. Neste caso não estamos considerando nenhum aporte durante o período. Portanto, deixaremos com o número 0(zero).

VP = valor atual dos investimentos = R$ 1.100.000,00.

TIPO = 0 ou 1 e indica as datas de vencimento dos pagamentos. Se indicar 1, considera fazer os investimentos no início dos períodos (ex: no início de cada ano). Se indicar 0, considera fazer os investimentos no final do período.

VF(5%;15;0;1100000;1)

O resultado é R$ 2.286.821,00 e, portanto, um pouco acima do alvo de R$ 2.100.000,00. Ele está na fase de Consolidação.

Se você tem dúvidas do porquê da necessidade de projetar uma rentabilidade já descontando a inflação, veja a explicação abaixo.

O conceito considera a manutenção do poder de compra.

No início do ano 1 o produto A tem o custo de R$ 10.000,00.

Este produto tem o seu preço alterado em função da inflação e a inflação total do ano 1 foi de 4%. Ou seja, o valor do produto A no início do ano 2 é de R$ 10.400,00.

Em resumo, o valor do dinheiro no tempo se alterou por conta da inflação. Ter R$ 10.400,00 no início do ano 2 é igual a ter R$ 10.000,00 no início do ano 1 e somente devemos considerar ganhos com investimentos que superem o valor da inflação.

O ganho além da inflação, denominamos ganho real.

Alguém investe R$ 10.000,00 por um ano e obtém rentabilidade nominal de 7,5%, obtendo R$ 10.750,00 como valor ao final do período. A inflação do período foi de 4%. O ganho real foi de R$ 350,00 (R$ 10.750,00 – R$ 10.400,00).

Existem outros fatores que podem mudar radicalmente a situação do cliente entre a data atual e a idade futura, mas os exemplos estão focados em analisar a projeção futura em um cenário em que não haja estresse durante o período.

Quando a meta de IFP for atingida, duas novas fases estarão diante da vida desta pessoa. A primeira fase é a de Consumo e mais adiante, a fase de Distribuição.

Estas duas fases consideram um cenário bem atual de aumento da expectativa de sobrevida. As pessoas têm vivido mais e existe uma tendência para viverem muitos anos pós-fase "viver de renda". Viver de renda não é excludente de ter uma atividade profissional. Alguém que vive de renda não depende de novas receitas além dos juros ou receitas obtidas com o patrimônio acumulado.

A fase de Consumo é a fase inicial após o alvo de IFP. A tendência é que as pessoas busquem este alvo antes dos sessenta anos e muitas vezes o processo sucessório ainda não foi pauta do planejamento. É muito comum em países já desenvolvidos, notadamente os Estados Unidos e países da Europa, as famílias utilizarem vários instrumentos para antecipar a decisão do processo sucessório. No Brasil este processo começou mais cedo nas empresas com a profissionalização de empresas familiares e começou mais recentemente a ser estendido também para as finanças familiares. Todos nós temos aprendido bastante com as experiências ruins de alguns conhecidos e algumas vezes até mesmo com familiares. Temos que reconhecer que somente depois do Plano Real, que recentemente atingiu sua maioridade (18 anos de plano), é que os brasileiros tiveram melhores condições de pensar em um plano de longo prazo.

A fase de Distribuição tem como principal objetivo marcar o ponto inicial da definição do processo de sucessão. Antecipar esta fase pode significar a perpetuação ou não do patrimônio familiar ou no mínimo minimizar as perdas de patrimônio em sua transição. Se você agir de forma totalmente reativa, tenha certeza de que pagará uma conta mais cara.

Principais mensagens deste capítulo

- *Identifique em que fase da vida financeira você se encontra.*
- *Quatro são as fases: Acumulação, Consolidação, Consumo e Distribuição.*
- *Tenha como meta buscar sua Independência Financeira Plena (IFP). IFP é o volume de patrimônio alvo na idade futura que você escolheu para começar a viver de renda.*
- *Se você ainda não começou a se planejar, aproveite para começar. As dificuldades que existiam antes do Plano Real ficaram para trás e já se foram dezoito*

anos de lá para cá. Obviamente o governo tem muitos desafios, mas o meu comentário está unicamente ligado ao fato de que a inflação já está razoavelmente controlada há muitos anos e isto certamente facilita o planejamento de longo prazo.

CAPÍTULO

5

A importância de se usar um método de planejamento

É fácil falar, mais difícil é ouvir e ainda mais difícil é ser compreendido.

Partindo desta premissa, fica claro entender a dificuldade em fazer com que as pessoas executem seus respectivos planos financeiros de longo prazo a partir de bases conceituais, estudos, planejamento, referências etc.

Outro fator que dificulta este planejamento é o fator tempo. Muitos raciocinam que o curto prazo traz a satisfação de fato e o longo prazo é apenas promessa. Por que pensar no futuro, abrir mão dos prazeres de hoje em benefício de alguém no futuro? Eu digo alguém porque muitas vezes esquecemo-nos de que este alguém somos nós próprios em outra atmosfera e linha temporal.

Um motivo adicional para se deixar o planejamento de lado é a fragilidade que as pessoas sentem em uma determinada frente (familiar, financeira, física, profissional, emocional ou espiritual). Para entender como se dá o processo temos que racionar também além da frente financeira. Existem pessoas que tiveram dificuldade em construir uma família e falam com prazer da situação de independência e "liberdade" de poder fazer tudo a qualquer hora sem dar satisfação a ninguém. Não cabe nem a mim e nem a você julgar terceiros, mas podemos aproveitar o exemplo para entender que é possível que a fragilidade gere a inibição em buscar algo melhor. No âmbito financeiro, é muito mais fácil pensar em planejar quando as coisas começam a melhorar, consegue-se um bom emprego, com um bom salário e assim por diante. O problema é que planejar nada tem a ver com fragilidade ou momento mais adequado. Planejar é simplesmente necessário e se você ainda não começou, a hora é agora.

Outra possibilidade para que o desejo de planejamento seja despertado em você é a vinda do fracasso. O planejamento se torna muito mais atraente quando existe um fracasso, uma doença crítica, uma perda, e é pouco atraente quando o cenário é de sucesso.

Se estudarmos como as pessoas atingem um determinado objetivo em uma área específica, chegaremos à conclusão de que não existe a melhor "receita do bolo".

Existem várias receitas que podem levar praticamente ao mesmo lugar, obviamente com diferenças no resultado final, mas que podem ser consideradas estratégias vencedoras para o objetivo em questão.

No assunto independência financeira, a regra não é diferente. Existem várias formas, fórmulas, metodologias ou simplesmente dicas que são e continuarão sendo apresentadas para ajudar os indivíduos a conquistar seus objetivos.

Pretendo mostrar aqui algumas delas e também dar minha opinião sobre o que deve ser comum às várias estratégias para se buscar a independência financeira.

O ponto de partida é entender que independência financeira se consegue com um equilíbrio entre os três pilares que sustentam a nossa vida: família, empresa ou emprego e patrimônio. São três pilares tão diferentes entre si e tão relacionados entre si, que representam na prática uma única construção.

Se existem várias formas de se conseguir um determinado objetivo, é possível que você consiga sua independência financeira sem trabalhar os vários pilares citados acima. No entanto, quando atingir o seu número pode ser que conclua que o objetivo que você deveria ter almejado vai além do capital financeiro. Pode ser tarde demais.

No planejamento financeiro você começa um trabalho pensando em trinta ou quarenta anos. Um planejamento começa com um método ou metodologia. Planejar é pensar de forma estruturada e a metodologia é o resultado do sucesso obtido por outras pessoas.

Várias das decisões podem trazer mais benefícios no curto prazo e prejuízos no longo prazo. Se o plano financeiro busca a preparação para o futuro, é bom ter em mente que algumas decisões de hoje podem impactar negativamente o seu alvo de independência financeira. Portanto, decida o que é mais importante fazer hoje e o que pode ser feito depois.

Descrevo abaixo as etapas de uma metodologia simples de apoio ao planejamento financeiro pessoal. O propósito deste capítulo não é descrever uma metodologia ideal porque não existe metodologia ou método ideal. O mais importante é fazer com que você use um método e utilize-se de planejamento em busca dos objetivos e, obviamente, procure por um especialista.

Qualquer planejamento visa aumentar a probabilidade de sucesso. Neste caso, aumentar a probabilidade de alcançar a independência financeira.

Três são os vetores da metodologia a conhecer: **Futuro, Proteção e Gestão.** É isto que precisamos cobrir para aumentar a nossa chance de sucesso. A integração entre estes vetores existe e temos que fazer com que um vetor trabalhe em benefício do outro.

VETOR 1: FUTURO

Este vetor é a parte responsável do plano por definir e executar as várias estratégias de investimento para um objetivo futuro.

As estratégias de investimento podem ter como objetivo atingir a independência financeira, criar um fundo para educação (uma poupança ou investimento para gastar em educação no futuro), ou, ainda, a criação de um fundo de objetivo específico.

É importante decidir entre separar ou concentrar as estratégias em veículos financeiros. Se a decisão for concentrar, vale ressaltar a importância de um controle gerencial para cada estratégia. Em outras palavras, se você pretende misturar no seu portfólio de investimentos o fundo de educação, o fundo para "viver de renda" e o fundo de objetivo específico, descubra uma forma de gerenciar os números para ter uma visão clara dos valores de cada objetivo e para que seja mais fácil acompanhar os resultados periodicamente.

O planejamento para educação tem características distintas dos demais. Entre as diferenças, encontramos uma inflação superior à média e recomendação para se investir na moeda potencial de uso, ou seja, na moeda do país que você deseja investir para fazer uma faculdade, curso ou pós-graduação. Um exemplo seria investir em dólares americanos para que um filho tenha acesso a um fundo de educação e faça faculdade nos Estados Unidos. Isto não deve ser tratado como regra, mas o fato é que poucas pessoas pensam nesta estratégia e o meu objetivo ao comentar é trazê-lo para a reflexão.

Qualquer que seja o instrumento a ser escolhido, é importante entender se a característica ajuda no quesito persistência. A persistência é ponto-chave para o seu investimento de longo prazo. Pare e pense se você é daqueles que consegue destinar um valor mensal para um investimento ou se é muito bem-vindo que o veículo de investimento já promova algo como um débito automático. Nesta fase, se você falhar, alguns meses podem fazer toda a diferença. Certa vez, após perguntar para um potencial cliente se ele entendia ser necessário ter algo como um débito automático ou outro mecanismo de cobrança para que ele não falhasse em seus investimentos recorrentes, ouvi que não seria necessário. Fiz então uma nova pergunta, mais dirigida. Perguntei qual valor médio de investimento mensal ele perseguia e, em seguida, comecei a perguntar se ele tinha investido este valor em janeiro, fevereiro, março, abril, maio e assim por diante. A conclusão foi simples e abaixo da minha expectativa. Ele falhava em média em um mês a cada três meses. Algo como um terço, ou trinta e três por cento. Em outras palavras, ele estava se preparando para atingir apenas dois terços de seu objetivo futuro.

VETOR 2: PROTEÇÃO

É fundamental diminuir ou eliminar os fatores de risco que podem comprometer o alcance da sua independência financeira. Este assunto é muito amplo e tem muitas frentes. Nosso objetivo é apenas trazer uma perspectiva diferente para o vetor proteção. É fazê-lo pensar de uma forma não tradicional para aspectos de proteção. É muito comum verificar que pessoas encaram um seguro de vida como algo totalmente desconexo de independência financeira e na prática podem ser totalmente ligados entre si. Se eu conseguir convencê-los de que adquirir um seguro de vida, se houver necessidade, pode ser sinônimo de aumentar a probabilidade de você atingir a independência financeira, eu já me darei por satisfeito.

Veja adiante alguns conceitos-bases para a correta escolha de como se proteger.

A primeira decisão é de transferir o risco. Adquirir um instrumento de seguro é repassar o risco em troca do pagamento de um valor (um prêmio). Se você ainda não pensou a respeito ou decidiu não fazer nada a respeito, mesmo depois de conversar com um profissional de mercado, na prática tomou a decisão de **ficar com o risco.**

Se você decidiu adquirir um instrumento para se proteger de algo, decidiu **transferir o risco.** A análise detalhada do nível de necessidade irá lhe mostrar se você transferiu cem por cento do risco ou carrega consigo parte deste risco. Em resumo, é possível **transferir o risco totalmente ou parcialmente.**

O que é risco?

Risco é uma condição do mundo real no qual existe exposição a adversidades.

Como podemos classificar os vários riscos?

1) Riscos financeiros e não financeiros
2) Estáticos e dinâmicos: os riscos dinâmicos são provenientes da economia enquanto as estáticas envolvem perdas, independentemente de haver alguma mudança na economia

3) Riscos puros e especulativos: somente os riscos puros são seguráveis

Devemos dar foco aos riscos puros que são: pessoais, de propriedade e de passivos.

Gerenciar riscos é muito importante durante a caminhada. Se você, por exemplo, acumula capital para ter tranquilidade no futuro, deve se prevenir com uma série de ações para não prejudicar ou comprometer o seu objetivo. Um exemplo clássico seria alguém que acaba tendo um custo altíssimo com saúde porque não fez o plano de saúde adequado. Neste caso, de nada adiantou acumular um belo patrimonio.

Riscos Pessoais:

(a) morte prematura;
(b) dependência durante a velhice;
(c) doença, doença crítica ou incapacidade;
(d) desemprego

Riscos de Propriedade:

(a) perda de uma propriedade;
(b) perda ou uso da propriedade resultando em perda de receita ou despesas adicionais

Riscos de Passivos:

(a) Um exemplo clássico seria uma perda de receita ou o bloqueio de bens por conta de um episódio de responsabilidade civil. Existem seguros de responsabilidade civil que protegem um indivíduo contra

> perdas geradas pela empresa com a qual este mantém vínculo empregatício ou mesmo contra as perdas de sua própria empresa, caso seja um sócio. Estes seguros são feitos para proteger estes indivíduos contra danos não intencionais. Um exemplo foi a falência em setembro de 2005 do Banco Santos. Houve fraude, mas existia pelo menos um executivo que foi contratado no mercado e que nada tinha a ver com as fraudes. Este executivo, depois de trabalhar apenas seis meses no banco, teve todos os seus bens bloqueados. Isto compromete totalmente o seu caminho em busca da independência financeira. Um seguro de responsabilidade civil poderia tê-lo protegido.

Existem muitas opções de instrumentos de proteção contra riscos disponíveis no mercado, mas notadamente alguns instrumentos são os mais comuns: Seguro de vida, Plano de saúde, Seguro de doença crítica e Seguro de responsabilidade civil, além dos seguros elementares tais como veículos, residências e estabelecimentos comerciais.

Vamos refletir com alguns exemplos e verificar como um seguro pode mitigar riscos. Vamos nos concentrar nos riscos pessoais mais comuns.

Morte prematura: o casal faz um planejamento, visualiza uma data futura em que ambos estarão vivendo de renda e seus filhos já formados e bem empregados, sem mais depender deles financeiramente. Durante o caminho até a independência financeira, o marido, que detinha a missão de geração da maior parte da receita, morre prematuramente. Um seguro de vida com um nível alto de cobertura pode até mesmo antecipar a independência financeira da esposa. A ausência do seguro pode comprometer as finanças da esposa e os estudos dos filhos.

Doença crítica ou incapacidade: é mais comum pensarmos na ausência de alguém e nos prepararmos com um seguro de vida do que pensar em um seguro em vida. É o que se faz necessário para alguém que converte uma doença crítica ou certa incapacidade que o iniba de continuar exercendo seu papel profissional. É o pior dos mundos. A receita deixa de vir e a despesa com saúde pode não estar coberta com o plano de saúde. Existem seguros específicos para estes eventos.

VETOR 3: GESTÃO

Estratégias inteligentes de alocação de ativos equilibrando a equação risco versus retorno em busca da fronteira eficiente da sua carteira. Ficou difícil? Vou simplificar. Temos que buscar formas inteligentes e alternativas de diversificar os nossos investimentos, buscando os melhores retornos possíveis para o nosso perfil.

Este vetor trata de como continuar gerindo de forma adequada o que você já conquistou até o momento. Várias são as condições que podem comprometer os resultados futuros.

Em tempos de grande volatilidade (flutuação, variação) no mercado financeiro, é comum encontrar carteiras de investimento desbalanceadas. Carteiras desbalanceadas são carteiras que contêm investimentos em proporções inadequadas para o seu perfil de risco, seja para maior ou para menor. Um exemplo típico é uma carteira de um cliente que tem perfil de risco para ter vinte por cento em ações e que hoje possui quarenta por cento em ações em função dos ganhos obtidos nesta modalidade de ativos. Como isto pode ter acontecido? É muito simples e muito comum. Alguém recebeu alguma recomendação, investiu em algo que cresceu em bases superiores aos demais ativos e, em consequência, a representatividade pode passar a ser muito maior. Em resumo, a máxima de que em time que está ganhando não se mexe não se aplica em investimentos. Os investimentos de maior risco cresceram muito entre 2003 e 2007 e muitas foram as carteiras que ficaram desbalanceadas. Se você é um dos que detinha boa parte dos seus investimentos em renda variável neste período, eu lhe pergunto se fez algum ajuste na sua carteira.

AINDA SOMOS POUCOS OS QUE DISCUTEM A IMPORTÂNCIA DE SE PLANEJAR E DE SE ESTABELECER OU UTILIZAR UM MÉTODO OU METODOLOGIA

É muito comum que as pessoas foquem em suas respectivas situações atuais para decidir sobre o futuro. Quando a situação está claramente longe dos dias atuais, existe grande tendência por minimizar os sonhos e então PLANEJAR não está dentro dos PLANOS.

O inverso acontece quando alguém entende que tudo está em ordem. O empresário que duvida que exista alguma probabilidade, por menor que seja, de sua empresa vir a falir. "Tudo deu certo até hoje e pouco planejei. Em time que está ganhando não se mexe. Portanto, planejar não está dentro dos meus planos".

Há vários tipos de pessoas que adiam seus planejamentos. Por que elas decidem não planejar? Para postergar o que incomoda, o complexo e tormentoso. Preferem esquecer os problemas e focar naquilo que já funciona. Desta forma, não há muito estresse, a depressão fica longe e estas questões pouco afetam as demais áreas da vida, incluindo a familiar. Mentira, estes estão somente postergando e aumentando o problema. O correto é blindar estes problemas de outras áreas que não a financeira e agir com altivez em busca de um plano para a solução do que atormenta.

Porque entendem que planejar custa caro. Planejar normalmente significa se apoiar em algum especialista. Se eu quero planejar uma grande reforma em minha residência, eu devo contratar um profissional da área. Isto é o que a maioria faz. Porém, na medida em que a complexidade diminui, as pessoas tendem a assumir que serão capazes de tomar as decisões corretas sem apoio de um especialista. É aí que "mora" o perigo. Uma pequena reforma não planejada pode ser a primeira fase de uma grande reforma. Planejar não é caro. Ao planejar, você economiza.

CONTROLAR O QUE É CONTROLÁVEL

O risco é inerente a qualquer processo. Não se esqueça que risco é a possibilidade de as coisas não saírem como você planejou. O risco sempre estará presente, por melhor que tenha sido seu planejamento, simplesmente porque é derivado do fato de o futuro ser incerto. O risco é natural em tudo que fazemos em nossas vidas.

Desta forma, procure controlar o que é controlável e buscar proteções para mitigar o efeito dos riscos.

Em finanças pessoais, o fator risco é muito comumente encarado como perda de capital com investimento no mercado financeiro. Risco vai muito além do risco que um investidor tem quando investe dinheiro no mercado financeiro.

Quando temos como alvo a independência financeira, risco é tudo aquilo que pode colocar em cheque este alvo, este objetivo. O risco pode estar ligado à saúde física, pode estar ligado à família, aos filhos ou, em geral, o risco está presente em qualquer relação e em qualquer contrato que você estabeleça.

MONITORAMENTO

Após a implantação do seu plano, é necessário que se façam revisões periódicas. Nenhuma novidade em relação a qualquer outro plano que se desenhe e se implante.

Em finanças pessoais, vários podem ser os motivos para se revisar um plano. Mudança de uma fase financeira, uma união matrimonial, uma dissolução matrimonial, um novo filho, uma mudança radical na carreira, uma doença, um problema grave na família, entre outros. Ocorre que podemos nos antecipar a alguns destes eventos e planejar mudanças com antecedência. É muito comum as decisões acontecerem em paralelo à mudança e isto "custo caro".

Antecipar pode significar decidir por não mudar, não ter um filho agora, não abrir um negócio agora e permanecer com o emprego atual. Pode ser tomar a decisão de não trocar de apartamento para não invadir o patrimônio e resistir a algumas outras tentações, sem deixar de já planejar um momento futuro para executá-las. Em finanças, a variável tempo faz toda a diferença. Executar algo agora ou no futuro pode trazer resultados bem diferentes.

Para mostrar que qualquer semelhança não é mera coincidência, façamos uma analogia com a manutenção de equipamentos da indústria de manufatura. Ela faz três tipos de manutenção que são: Preventiva, Preditiva e Corretiva.

A manutenção PREVENTIVA visa diminuir as falhas no funcionamento do equipamento.

A manutenção PREDITIVA busca inspecionar se o funcionamento geral está adequado. Trocamos o óleo do carro com certa freqüência, mas aceitamos que o frentista verifique o nível do óleo mesmo sabendo que em tese ainda não é hora da nova troca. Alguns fatores podem vir a antecipar a necessidade desta troca e é a inspeção que nos mostrará isto.

A manutenção CORRETIVA acontece porque algo não foi planejado ou mesmo porque, apesar da prevenção e inspeção, não se conseguiu evitar que o problema ocorresse.

Em finanças não é diferente. Se você não fizer a correta prevenção e inspeção, é bem provável que o inesperado comprometa o seu plano.

Uma carteira de investimentos desbalanceada é uma carteira que não passou por uma manutenção preditiva (inspeção).

Uma carteira de investimentos deve incluir produtos compatíveis com o seu perfil de investidor e, desta forma não deverá gerar resultados inesperados no curto ou médio prazo. Manutenção preventiva neste caso é conhecer muito bem o seu perfil e investir conscientemente em função dele.

COMEÇANDO PELO FUTURO

Se a ideia é aprender com os erros próprios ou de terceiros, o ideal é que a metodologia comece por apontar o futuro ao invés de inventariar o presente. Em um parágrafo anterior mencionou-se que um dos motivos de as pessoas descartarem o planejamento é a distância que os separa a situação atual e dos sonhos futuros.

Determine o seu alvo de independência financeira, a idade alvo e outros objetivos de longo prazo. Crie sua imagem e semelhança na idade alvo de sua independência financeira. Procure se enxergar, física e mentalmente. Onde você está no futuro? Acompanhado de quem? O que te cerca? Se você possui filhos, com que idade eles estão? Tem muito trânsito na cidade onde você mora? Que idioma os seus vizinhos falam? Quantas vezes por semana você pratica o seu esporte preferido? Você está com o peso ideal para sua idade? Você está trabalhando em alguma empresa? Você é professor? Você é consultor? Com que frequência quer conhecer novos lugares? Dedique tempo a pensar no futuro. Pare e pense.

Somente depois que você estabelecer as suas metas é que vale a pena inventariar o presente. Desta forma você preserva os seus sonhos intactos. É fato que muitas vezes temos que revisar os nossos anseios em função da capacidade ou não de atingir estes objetivos, mas deixe isto para um momento futuro. Minimizar sonhos com antecedência não é inteligente.

O CAMINHO ATÉ LÁ

O caminho pode ser difícil, porém a equação é simples de entender. O caminho até a independência financeira é construído com as variáveis: capacidade de investimento, que normalmente é por onde começamos a gerar o patrimônio, o próprio patrimônio, que é acumulado no tempo, e também em função do tempo que temos para esta construção.

Como tudo tem um primeiro passo, neste caso falamos da capacidade de investimento. É necessário investir e investir é uma questão de atitude.

Se você está entre aqueles que não conseguem investir ou entende que não consegue investir o que deveria, eu começo lhe perguntando se você bebe café diariamente. Se a resposta foi sim, lhe pergunto se costuma usar açúcar ou não. Se a resposta foi sim, lhe pergunto se já tentou beber sem açúcar. Se a resposta foi que já tentou e não conseguiu, pode estar aí a explicação de porque você não consegue investir.

Atitudes são atitudes, não importando a área. É óbvio que não podemos generalizar e aplicar o exemplo do café em qualquer caso, mas o fato é que a mesma dificuldade que encontramos em investir, nós encontramos no nosso dia a dia.

Pergunte a si mesmo se você é alguém que insiste em provar algum alimento.

Questione-se a respeito de atingir ou não as metas dentro da empresa.

Questione-se sobre sua atitude nas demais frentes apresentadas no capítulo 3, tais como as frentes física, familiar e as demais. Não julgue a sua atitude específica em relação ao que você tem conseguido executar na frente financeira.

Em resumo, você deve começar já tendo ciência de onde quer chegar. Desta forma diminuirá o risco de eventos que possam comprometer a sua jornada em busca de sua independência financeira. Se você entende que já possui independência financeira, trate de buscar perpetuá-la.

INVENTARIANDO O PRESENTE

Certa vez eu li e "comprei" a seguinte frase: "O homem que conhece a si mesmo pode sair de dentro de si próprio e examinar as suas reações como se fosse um observador estranho".

Prepare-se melhor para conhecer e falar sobre o seu perfil de risco. O médico procura investigar o seu histórico e se você não souber como transferir a ele as informações, ele certamente não poderá obter os melhores resultados.

No dia a dia do mercado financeiro, o intermediário na venda de algum produto financeiro pode não ser um grande aliado nesta busca pelo melhor conhecimento do seu perfil. É muito comum que em um processo operacional cadastral se dê maior prioridade para dados cadastrais, deixando-se para um segundo plano o real entendimento do seu perfil como cliente. Há alguns anos já existe regra explícita do mercado financeiro para que se proceda com um formulário conhecido como "Know your Client" que, como o próprio nome já diz, é para conhecer melhor o seu cliente. Os formulários trazem informações relevantes, mas muitos temem ser invasivos e até mesmo perder a venda e perdem ótima oportunidade de começar a entender mais sobre seus clientes potenciais. Ciente disto, não perca a oportunidade de esclarecer dados sobre o seu perfil e patrimônio.

Esta mesma inversão de valores pode acontecer se não buscarmos nos conhecer melhor.

O que não falta nos livros e na internet são dicas para falta de dinheiro ou qualquer frase parecida. Separei algumas para você:

- Faça o dinheiro crescer por você;
- Controle os seus gastos;
- Proteja o seu tesouro;
- Multiplique o seu dinheiro;
- Assegure uma renda para o futuro.

São frases que trazem verdade sobre o que alguém deve fazer para planejar o seu futuro financeiro. No entanto, você deve focar em melhor se conhecer e se desenvolver porque as soluções são genéricas e o indivíduo é único. Se você se conhecer melhor, ficará mais fácil adaptar algo genérico que melhor funcione para o seu perfil.

Usamos somente 10% da capacidade do nosso cérebro e temos a tendência de buscar soluções “fora de casa”, quando muitas vezes a solução está dentro de casa. O termo dentro de casa é, obviamente, um mero trocadilho. No entanto, a nossa casa, a nossa família, pode ser um investimento lucrativo ou não, e isto também depende somente de nós.

Devemos aumentar a nossa capacidade de geração de receita, trabalhando com nossas aptidões e tendo planos claros.

Antes de planejar, temos que ter ciência de que existe limite para tudo na vida. Quando falamos em finanças pessoais, o capital financeiro é peça chave do processo. A despeito disto, é fato que existem limites para todos, inclusive para os ricos ou milionários. Se o limite não é financeiro, pode ser um limite de tempo ou energia ou ainda algum fator que não pode ser adquirido. Se você não é um milionário, saiba que alguns deles podem até decidir por se desfazer de alguns bens por não terem tempo hábil para usufruir deles.

Em finanças a questão do seu perfil é bastante complexa.

O perfil do investidor é algo individualizado, a despeito de sermos muitas vezes submetidos a uma tabela que mostra que na prática pertencemos a um dos quatro ou cinco tipos de investidores.

Temos que conhecer os conceitos básicos que envolvem as medidas, os riscos, os retornos aceitáveis, mas, seguindo adiante, devemos ter um plano personalizado que atenda às nossas necessidades.

Muitos são os questionários que são submetidos para melhor entender o perfil de risco do indivíduo, mas, na prática, por mais extensos que possam ser, são apenas um primeiro guia para separar você de outros perfis bem distintos. O resultado será atingido se houver acompanhamento e revisões ao longo do tempo.

O MOMENTO DE VIDA ATUAL

Parte do seu perfil é o seu momento de vida. O seu momento te restringe em alguns aspectos ou abre algumas possibilidades.

Sob outra perspectiva, o seu plano financeiro está em uma de quatro fases: Acumulação, Consolidação, Consumo ou Distribuição. Já vimos o detalhamento das fases no capítulo 4. Isto também afeta diretamente os seus objetivos, o seu perfil e a forma como deve controlar o seu patrimônio.

A lógica comum que se encontra no mercado são pessoas jovens com alto apetite ao risco em busca de ganhos financeiros e pessoas com mais idade com perfil moderado ou mesmo conservadoras.

O momento de vida de cada um de nós nos dá a possibilidade de ajustes neste nosso perfil seja em prol de maior ou menor risco. Como exemplo, podemos citar executivos em fase de grande crescimento profissional e com nível de empregabilidade excelente. Este profissional está em um momento de vida que permite ajustar o seu perfil de risco na direção de maior risco uma vez que gera liquidez significativa a cada período (mês, trimestre etc). Desta forma, possíveis perdas podem ser recuperadas sem impactar o plano de longo prazo. Da mesma forma, alguém que está desempregado e com dificuldades em retornar ao mercado e que faz uso de suas reservas para pagar a qualidade de vida atual, deve ajustar o seu perfil de risco na direção de menor risco porque perdas nesta reserva podem comprometer o prazo previsto para consumo total da reserva.

Estes ajustes são opcionais e fazem parte de ações de curto prazo. Este tipo de ajuste requer o conhecimento um pouco mais profundo do mercado.

REFLETINDO EM DIFERENTES PERSPECTIVAS

Para você entender melhor o seu perfil você deve se perguntar como chegou até aqui na sua carreira.

Note que existe um bom espaço entre as perguntas. Minha sugestão é que você pare, pense e responda cada uma das perguntas.

Que importância tem o dinheiro na sua vida?

____

____

Quais são as coisas que você mais valoriza na sua vida?

____

____

Quais foram os eventos ou ocorrências que tiveram maior relevância na sua vida para te mover até aqui?

____

____

O que você ensina ou ensinou para os seus filhos em relação ao valor do dinheiro?

____

____

Se dinheiro não fosse um problema, como seria o seu padrão de vida? Onde você moraria?

____

____

Se você tivesse todo o dinheiro que nunca teve, o que te motivaria no dia a dia?

____

____

O que você gostaria de conquistar enquanto pode?

____

____

Que impacto você gostaria que o seu processo sucessório tivesse ao partir?

____

____

Se você pudesse transmitir um segredo de vida para as próximas gerações, que segredo seria este?

____

____

Principais mensagens deste capítulo

- *Pensar no futuro é abrir mão dos prazeres de hoje em benefício de alguém no futuro. A boa notícia é que este alguém é você em outra atmosfera e linha temporal.*
- *No planejamento financeiro muitas vezes o horizonte de tempo é de nos próximos trinta ou quarenta anos. Um planejamento começa com um método ou metodologia.*
- *Comece pensando no futuro para não inibir os seus sonhos e somente depois inventarie o seu presente.*
- *FUTURO: É a parte responsável do plano por definir e executar as várias estratégias de investimento para um objetivo futuro.*
- *PROTEÇÃO: É fundamental diminuir ou eliminar os fatores de risco que podem comprometer o alcance da sua independência financeira.*
- *GESTÃO: Temos que buscar formas inteligentes e alternativas de diversificar os nossos investimentos, buscando os melhores retornos possíveis para o nosso apetite ao risco.*

CAPÍTULO

6

Histórias reais

Cada indivíduo tem a sua realidade que vai muito além do perfil geral e do perfil de investimentos. Eventos que vêm e vão submetem este indivíduo a tomar decisões e nem sempre estas decisões estão alinhadas com os objetivos de longo prazo.

As experiências negativas vivenciadas por uns acabam por incentivar outros indivíduos a se protegerem de experiências similares.

Abaixo, relato algumas experiências obtidas junto a indivíduos e famílias.

BANCO NÃO IDENTIFICADO

Em uma data que não me recordo, um banco não identificado detinha um investimento no valor de R$ 827.734,26 em um fundo DI. Tive acesso a esta informação na segunda reunião que tive com o cliente. Tratava-se de um fundo DI, que é um fundo de renda fixa que concentra os seus investimentos em títulos públicos. Três eram as opções de fundo DI dentro do portfólio deste banco. A única diferença entre eles era o nome, o mínimo requerido para investir e a taxa de administração. Para um mínimo de R$ 30.000,00 investidos você teria a menor taxa de administração, que era de 1%. Para um mínimo de R$ 10.000,00, a mesma taxa era de 1,5% e para um mínimo de R$ 1.000,00, ela sobe para 2,5%. Lembre-se que o cliente detinha exatos R$ 827.734,26 e estava investindo no fundo DI com taxa de administração de 2,5%. Culpa do cliente que não atendeu o telefone durante 1 ano!!!! (foi o que eu ouvi ao ligar para o gerente da conta do cliente).

DPGE

DPGE significa Depósito a Prazo com Garantia Especial do FGC. FGC (Fundo Garantidor de Crédito) é uma associação sem fins lucrativos, criada em 1995 pelo Conselho Monetário Nacional (CMN), com o objetivo de administrar mecanismos de proteção a titulares de crédito contra instituições financeiras e também com a finalidade de contribuir para a manutenção da estabilidade do Sistema Financeiro Nacional e prevenção de crise bancária.

O DPGE foi criado em 2009 com o objetivo de dar aos bancos médios uma fonte alternativa de captação de recursos. Fez-se necessário por conta da crise financeira de 2008. A garantia foi limitada a R$ 20 milhões por investidor, um número que permitiu que investidores buscassem uma alternativa de melhor remuneração em bancos médios e pequenos com uma garantia do FGC. Vale lembrar que a garantia do FGC no caso de um Certificado de Depósito Bancário (CDB) é de R$ 70.000,00 por investidor. Em outras palavras, era possível investir em um banco classificado com risco superior a um grande banco, com taxas mais apreciáveis e com proteção de risco superior ao existente em um CDB.

Considerando esta realidade, seria mais do que razoável entender que muitos investidores tomariam esta oportunidade em busca de melhores remunerações. O que eu constatei em seguidas reuniões e palestras foi que raramente alguém tinha ouvido falar do DPGE. Era muito comum em uma palestra para trinta a quarenta pessoas, não haver ninguém que já tivesse ouvido falar da opção do DPGE. De alguma forma poderíamos classificar o DPGE como um CDB especial. O interessante é que o CDB continuava sendo uma das duas opções mais oferecidas por gerentes de banco.

Exemplo clássico de conflito de interesses porque a captação do DPGE é mais custosa e gera menor rentabilidade para o banco.

O RELÓGIO QUE ELE COMPROU

André, presidente de uma empresa de porte médio, comentou que tinha adquirido um Rolex no final de semana em um shopping da região próxima de sua residência. Comentou isto como forma de demonstrar que tinha ciência de que não estava fazendo "a coisa certa". Ao invés de investir, dizia ele, simplesmente adquiriu um relógio com valor superior a R$ 10.000,00 em um passeio de fim de semana.

Tratava-se de uma reunião exploratória, para entender as especificidades do cliente, e procurei entender um pouco mais do papel do seu empregador no mercado, o seu papel dentro da empresa, o seu modelo de remuneração e obviamente a sua realidade financeira versus o seu número alvo de independência financeira. André voltou a comentar que já tinha lido sobre a necessidade de se investir em torno de 20% do seu salário para a aposentadoria. De fato, comentei, investir é algo importante, mas pedi que continuássemos a trocar informações antes de tirar as conclusões.

Avaliando a meta de sua independência financeira e comparando este número com o patrimônio já adquirido e outras variáveis mais, a conclusão não foi difícil. André, tinha plenas condições de investir e investir não traria mal algum para ele, mas o fato é que apenas gerenciando de forma adequada o patrimônio já adquirido, sem exposição além do que o seu perfil permitia, viria a adquirir a sua independência financeira e antes do planejado. Em resumo, o relógio era belo e dei os parabéns pela aquisição.

Complementei dizendo que inclusive a lógica de investir mensalmente não é verdade absoluta e que no caso dele, ele poderia manter uma qualidade de vida e consumir quase que a totalidade de sua capacidade de investimento sem prejuízo às suas metas de longo prazo.

* * *

A tendência em buscar uma simplificação absoluta para as coisas é prática usual também na área das finanças pessoais.

Uma questão seria por que devo dedicar tempo ao planejamento se na prática o que fará o meu patrimônio crescer em busca da minha independência financeira é investir adequadamente os meus ativos.

James Hughes, no livro Family Wealth, diz que a riqueza de uma família consiste primariamente no seu capital humano (definido como todos os indivíduos que fazem parte da família) e no seu capital intelectual (definido como tudo que cada membro da família conhece) e secundariamente no seu capital financeiro. Cabe nova reflexão neste momento.

O que determina a importância do planejamento não é o volume do patrimônio. A complexidade ou não envolvida nos casos individuais ou nas famílias é que dirá quanto tempo devemos dedicar ao planejamento para que as ações tomadas tenham base e consistência com os objetivos de curto, médio e longo prazo.

RETORNANDO PARA SUA PRÓPRIA CASA

Um casal tinha grande capacidade de investimento e morava de aluguel. Eles moravam de aluguel e alugavam uma casa de sua propriedade, ambas em Alphaville. A diferença entre o valor que pagavam de aluguel e a receita obtida com o aluguel de sua casa era de R$ 2.500,00. Ele, um executivo em cargo de diretoria, já em fase de consolidação da carreira. Ela, funcionária com remuneração bem baixa. Após desenhar um plano financeiro, chegamos juntos à conclusão de que com o nível de investimento da época e as demais situações, ele conseguiria atingir a independência financeira aos 55 anos de idade e provavelmente conseguiria superar em aproximadamente 10% este alvo.

Dois anos mais tarde, a situação era outra. A esposa clamava por ter de volta o imóvel e deixar o imóvel alugado. Arquiteta de profissão, tinha algumas "ideias" de como alterar a casa de propriedade do casal para melhor adequá-la ao dia a dia da família. Deixaram o imóvel alugado e isto imediatamente gerou uma diminuição de investimento da ordem de R$ 2.500,00. Acrescido a isto, tiveram que resgatar parte dos investimentos para a tal reforma. O resultado prático é que em uma nova simulação do plano, ficou claro que se a nova situação não fosse alterada, ele no máximo conseguiria atingir próximo de 90% do alvo planejado aos 55 anos. História contada, que tal dar um nome para a história real? O que acham de "A arquiteta que não tinha o que fazer?". A propósito, já se divorciaram.

FILHOS BRIGANDO PELO DINHEIRO GERADO PELOS PAIS

Seria pior ainda para mim se eu fosse responsável direto pela prestação de serviços. Isto ficou a encargo de outro profissional da empresa onde exerço minha função.

Tudo ia bem. Cenário bem comum. Família unida, "gente" de bem. Pais felizes. Após a morte repentina da mãe, tudo começou a mudar. Aumenta o interesse em entender questões como regime de bens (ver capítulo 9), aumenta o interesse em entender a parte do patrimônio que é de direito. Até aí tudo bem. O problema é que os interesses são diferentes e nem sempre se consegue acomodar o anseio de todos. Nem sempre é possível dividir parte do patrimônio. Pensem se é possível vender parte de um imóvel. Um quer vender porque tem planos para o valor que lhe é de direito. Outro entende que a valorização será maior se pensarem na venda daqui a alguns anos. O pai só presta atenção nas brigas e vai sofrendo por dentro. Vai ficando mais frágil. Chora com mais frequência. Eu imagino que chore por ele e pela mulher que já morreu e confesso que como o conheço pessoalmente, ao escrever tenho um sentimento de lamento por ele. Poderia dar mais detalhes, mas prefiro parar por aqui.

O GRINGO E O TRUST, A PREVENÇÃO

Separei como último relato algo positivo, uma ação preventiva de um gringo que conheço há anos.

Antes disto vamos entender um pouco sobre o assunto sucessão. Aqui no Brasil ainda não temos como prática usual executar a sucessão em vida. Muitas famílias ainda preferem agir reativamente após a perda de um ente querido. No mercado internacional é bem diferente. O gringo é inglês e fez uso de um instrumento chamado Trust para uma determinada proteção. Um Trust é um relacionamento ou contrato no qual uma das partes dá a outra pessoa ou empresa o direito de adquirir, manter ou investir recursos ou bens em seu nome. É muito utilizado no exterior com o objetivo de proteger o futuro financeiro de um filho menor ou até de uma pessoa com problemas mentais. O gringo decidiu lançar mão do Trust para proteger um filho com certa deficiência e dependência. Preferiu não deixar a encargo dos demais filhos. Na realidade, decidiu não confiar totalmente nos demais filhos e comenta isto com total tranquilidade. Não sabe precisar o que pode ocorrer no futuro com os outros dois filhos. Em resumo, agiu com a razão e não com a emoção.

Ele destinou um imóvel de alto padrão sob o trust e estabeleceu regras para venda deste imóvel, regras de investimento para o ativo líquido (após a venda do imóvel), contratação de um profissional para dar suporte no dia a dia para seu filho, entre outros.

Enquanto escrevo este livro, sei que todos estão vivos e o Trust não foi exercido. Sei também que ele dorme tranquilo, certo de que tomou a decisão correta para proteger o seu querido dependente.

CAPÍTULO

7

Como se preparar para a aquisição

A primeira tarefa é entender o modelo de negócios do especialista, incluindo o modelo de remuneração. É bom validar independentemente de se tratar de um corretor, de um consultor financeiro, de um planejador financeiro ou um especialista legal.

Esteja preparado para não se surpreender com o conhecimento dele sobre o tema, por ser ele uma pessoa aparentemente aculturada, com boa vestimenta, que tem facilidade de se expressar, facilidade em apresentar uma proposta, que traz um bom material de marketing etc. Ele foi treinado para isto. Não vejo nada de mal nisto. Eu também prefiro conversar com alguém bem preparado quando estou na posição de comprador. O ponto é que devemos focar primariamente em identificar o modelo de negócios e ter ciência de que muitos destes profissionais usam as qualidades citadas acima para resolver interesses próprios. Caberá a você diferenciar o joio do trigo.

Em seguida, entenda o portfólio de opções que ele pode oferecer. Procure entender no detalhe se você realmente tem a necessidade daquele produto. Não adquira por impulso. Cada qual tem um discurso adequado para convencê-lo de que o produto é importante para você. Se você já recebe apoio de alguns especialistas e conhece bem o modelo de remuneração de cada um deles, já cumpriu com a lição de casa número um no assunto relativo a se preparar para as compras.

Peço que você reflita se já aconteceu contigo ou com algum conhecido de conversar com um corretor de seguros e ao final da conversa receber a única recomendação de se desfazer de um seguro de vida. É razoável imaginar que se existe necessidade de compra de um seguro de vida, muitas vezes pode existir a necessidade de se desfazer de um seguro adquirido no passado, em função de que a realidade de vida não mais impõe aquela necessidade. Se a vida é um ciclo, alguns que não precisam de seguro de vida atualmente poderão vir a precisar no futuro e outros que possuem seguro de vida atualmente podem não precisar no futuro. Este mesmo exemplo pode caber em outros tipos de serviços. Pois bem, reflita se alguém já recomendou que você encerrasse um seguro de vida.

ESTEJA PREPARADO PARA COMPRAR. ELE ESTÁ PREPARADO PARA VENDER

Existe uma falta de sincronia no mercado.

De um lado você encontra instituições de porte, com produtos de prateleira, ótimo marketing e profissionais bem preparados.

De outro lado você encontra os potenciais clientes (você) destas organizações seguradoras, bancos de varejo, bancos de investimento, gestores independentes de fundo, entre outros. Normalmente estes clientes não estão preparados para comprar (ótimo se entender que não é o seu caso). Ou seja, não sabem exatamente o que precisam e como aquilo está integrado com o seu plano financeiro.

Qual o resultado? Compra por impulso, compra sem entender se a companhia é a mais adequada, dúvida em relação ao volume a ser adquirido, dúvida de como qualificar o custo benefício, entre outros. Isto é a falta de sincronia que encontramos no mercado.

Aí vão algumas dicas de como você deve reagir. Entenda e procure reagir de forma diferente ao habitual.

Normalmente o que chama mais atenção e impressiona as pessoas são informações que ao mesmo tempo são complicadas de se entender.

- **O relevante para você é o simples** que poderá ser aplicado.
- **Se o seu plano é de longo prazo, não se iluda por benefícios de curto prazo.** Você possui investimento com risco maior e com objetivo de rentabilidade de longo prazo e após um mês de investimento seu orientador financeiro te liga para dizer que a rentabilidade foi ótima. Este resultado

tem pouca relevância, assim como também seria pouco relevante se você decidisse ligar para quem fez a recomendação, comentando que o resultado do primeiro mês foi negativo.

- **Não se iluda com benefícios extras.** Uma vez eu ouvi de uma pessoa que se eu comprasse um determinado bem usando o meu cartão de crédito eu ganharia uma viagem para esquiar em Bariloche. O que estava por trás disto era simplesmente o fato de que a milhagem gerada no cartão de crédito abriria esta possibilidade. Ou seja, o único trabalho dele foi preparar-se e fazer alguns cálculos que indicavam que com uma compra naquele determinado valor haveria este benefício em função do custo desta viagem. Como foi ele quem comentou o fato, confesso que a primeira reação que tive foi bastante positiva. Por fim, nada feito, mas isto é outra história.
- **Se você recebe algum nível de serviço, é importante saber qual o benefício existente por parte de quem presta o serviço.** É muito comum que o benefício não seja transparente e isto pode gerar um desequilíbrio na relação entre o prestador de serviço e o cliente. Ninguém deve trabalhar de graça e na prática não conheço quem em sã consciência faça isto. No entanto, é comum o cliente não ter a noção de como o prestador de serviços é remunerado. Busque a transparência.

VANTAGENS DE TER UM CONSULTOR OU PLANEJADOR AO SEU LADO

Consulte pessoas de sua confiança que possam te ajudar. Pode ser um consultor financeiro ou um planejador financeiro ou ainda alguém com competência em algum assunto. Certa vez um senhor me disse que se eu não estivesse em condições de tomar uma determinada decisão, deveria focar os meus esforços em identificar a pessoa certa para tomar a decisão por mim. Foi o que fiz e até hoje não me arrependo.

A principal vantagem em ter um determinado nível de serviço com um consultor ou planejador financeiro é ter alguém que garanta que você periodicamente estará diretamente envolvido com suas finanças pessoais, revisará os aspectos de risco e buscará adquirir maior conhecimento e melhor visão sobre os seus planos financeiros futuros.

Acredite nas recomendações, entendendo a lógica. Não diga apenas sim porque acredita no seu consultor. Antes de acreditar no seu consultor, acredite no modelo de serviços que ele utiliza.

Quando o assunto é dinheiro, confidencialidade é tema de extrema importância. No entanto, saiba que é extremamente importante que o seu consultor o conheça bem para fazer recomendações adequadas. Ocultar parte do patrimônio ou um evento específico pode trazer problemas. Logicamente a credibilidade na relação se conquista com o tempo, mas quanto antes comentar mais sobre a sua realidade, mais cedo poderá usufruir dos benefícios de boas recomendações.

Se o que você busca é um relacionamento de longo prazo com o seu consultor, tenha certeza de que ele possui tecnologia para resguardar e manter uma base de dados com todo o histórico das recomendações e demais interações contigo. Caso contrário, o futuro promete ser complicado.

Parece muito? Pois é. O relacionamento deverá ser de longo prazo e relacionamentos de longo prazo merecem um "contrato".

Logo que comecei a trabalhar com CRM (Customer Relationship Management, Gestão de Relacionamento com Clientes) me lembro de algo que dizia que um dos males na prestação de serviços é a falta de alinhamento entre o modelo de remuneração de quem vende com as expectativas dos clientes. Um exemplo está nos bancos. Quem de nós não conhece alguém que trabalha em um banco? Minha irmã trabalhou em um banco de porte. A esposa do meu sócio também. Deve haver algum vizinho seu que trabalha em banco ou conhece alguém que tenha este trabalho. Todos nós temos algum bancário em nossa família ou amigos. O que existe em comum entre estas pessoas é que possuem um modelo de remuneração que não é compatível com as expectativas de seus respectivos clientes. Quem ainda não recebeu uma ligação de um banco próximo do final de mês e ouviu algum pedido de favor para comprar algum produto de previdência ou seguro ou, acreditem (nos dias de hoje), um produto de capitalização?

A boa notícia é que isto somente acontece com bancos de varejo. Certo? Nem sempre. Há vários anos converso com gerentes de bancos e já vivenciei diferentes situações de diferentes clientes, com questões que de alguma forma se pareciam. O problema é normalmente de conflito de interesses. O interesse do gerente muitas vezes não coincide com o do cliente. Eu não diria que eles são "farinha do mesmo saco" porque consigo enxergar características diferentes entre os bancos. A semelhança pode ser em função do modelo de remuneração dos vários gerentes de conta. Pare e pense. Faz sentido pensar que os nossos colegas, vizinhos, amigos, atualmente gerentes de contas, não querem o nosso mal? Eu acho que faz. Se você acha que faz sentido, tem algo que os induz a oferecer um produto A quando os clientes precisam na verdade de um produto B.

ENTENDA COMO O INTERMEDIÁRIO É REMUNERADO

Voltando ao fato de que as remunerações do prestador de serviços muitas vezes não estão alinhadas com as expectativas dos clientes, tivemos um bom exemplo em 2012. O setor imobiliário brasileiro continuou sua expansão nos lançamentos de áreas residenciais e comerciais e surgiram vários produtos estruturados com lastros em imóveis para ajudar na captação de recursos e financiar projetos comerciais, tais como edifícios comerciais. Até aí nada de errado. Um indivíduo investe em um fundo imobiliário ou mesmo CRI (Certificado de Recebíveis Imobiliários) em busca de retornos superiores aos obtidos com renda fixa e este valor é destinado ao financiamento imobiliário. O problema começa com a avalanche de opções no mercado, com produtos muitas vezes com baixa liquedez (o CRI é um exemplo) e com o incentivo dos distribuidores para os agentes autônomos, sem alinhamento com o objetivo do cliente.

– Um agente autônomo (profissional responsável pela intermediação do produto financeiro) recebe toda a comissão no momento da venda de um CRI e deve prestar serviço para o cliente durante anos.

– O cliente compara os retornos possíveis com renda fixa, mas esquece de focar na questão da liquidez e então tem alternativa de manter o CRI por alguns anos ou arriscar a venda no mercado secundário e um preço depreciado. É como ser obrigado a vender um apartamento em trinta dias.

– Com a avalanche de opções de fundos imobiliários no mercado e as expressivas remunerações para os agentes autônomos, acontece uma troca desenfreada de um fundo imobiliário por outro, em busca de renovar a comissão.

A dica aqui é mais uma vez entender como acontece a remuneração de quem recomenda. Se descobrir que se trata de remuneração recebida logo após a venda e ainda falamos de um produto com baixa liquidez tal qual um CRI, pense três vezes antes de concretizar o negócio. Verifique que tipo de nível de serviço você vai precisar para acompanhar os resultados, certifique-se de que o intermediário prestará as informações que você precisa e/ou que você terá acesso direto a um site para obter a informação. Já adianto que, no caso do CRI, você precisará de mais informação do que consegue obter diretamente em um site.

OS ESPECIALISTAS

É bom entender quem são eles, qual a sua área de atuação e os seus respectivos objetivos. Desta forma, você não corre o risco de visitar um cardiologista para comentar seu problema aparente com a pele.

Sob a perspectiva das instituições, os principais participantes do mercado são os bancos, as seguradoras, os gestores de fundos, as corretoras de valores mobiliários e ainda os escritórios de advocacia, de contabilidade, de Consultores e/ou planejadores financeiros, dentre outros. Os profissionais que atuam nas empresas acima citadas possuem características pessoais, mas muito de suas abordagens está ligado ao modelo de negócios destas empresas.

Vamos olhar um pouco para as funções destes especialistas: advogado, agente autônomo de investimentos, analista financeiro, corretor de seguros, consultor financeiro, gerente de conta de um banco, planejador financeiro.

ADVOGADO: as principais áreas de atuação dos advogados que estão mais próximas dos assuntos de nossas finanças pessoais são: **direito societário**, que inclui reorganização societária, joint ventures, alteração de contratos, fusão, cisão e incorporação de empresas; **direito de famí-**

lia e das sucessões, que incluem planejamento patrimonial e sucessório, ações de divórcio, inventário, reconhecimento ou dissolução de união estável e; **direito tributário**, que ajuda no planejamento tributário em geral, nos âmbitos das operações nacionais e internacionais. Se eles fazem consultas pontuais, tendem a cobrar uma taxa honorária pelo serviço ou ainda podem cobrar honorários por um determinado projeto. É também comum a cobrança de um percentual de sucesso ou percentual sobre um determinado valor patrimonial. Este último tipo de cobrança é muito utilizado nos inventários.

AGENTE AUTÔNOMO DE INVESTIMENTOS: São os distribuidores de produtos. Encontramos muitos dos agentes autônomos trabalhando com certo vínculo com uma corretora de valores e atuando como operadores em bolsa de valores. A remuneração se dá exclusivamente em forma de rebates sobre uma cobrança maior. Exemplo: um operador de bolsa de valores obtém um rebate sobre o volume de corretagem gerada no relacionamento com um determinado cliente. Ou seja, ele tem um acordo com uma corretora e esta última repassa um percentual de toda a receita com corretagem para o agente autônomo. O agente autônomo também obtém rebates sobre as distribuições de fundos mobiliários. Algumas conclusões: quanto maior a corretagem paga pelo cliente, maior será a remuneração do agente autônomo que desempenha a função de operador em bolsa de valores; um fundo de investimento que repassa um percentual maior de rebate para o agente autônomo pode ter mais adeptos ao seu modelo de distribuição.

CORRETOR DE SEGUROS: Tem um vínculo com uma ou mais seguradoras e são as seguradoras que o remuneram. Podem ser corretores independentes ou funcionários diretos de seguradoras. A primeira diferença é que se você contatar um corretor que é funcionário de uma seguradora, ele certamente irá propor um seguro que faz parte do portfólio do seu empregador. Se, no entanto, contatar um corretor independente, procure saber com quais seguradoras ele se relaciona. É muito comum haver um vínculo maior com uma seguradora e as recomendações serem normalmente para produtos deste parceiro. Certifique-se dos custos envolvidos com o seguro ou previdência porque os rebates podem ser maiores quando a taxa de administração ou carregamento são maiores. Desta forma, se ouvir que a previdência que está sendo oferecida é melhor porque tem algum percentual de renda variável e pode render mais ao longo dos anos, avalie, mas saiba também que estas previdências possuem taxas maiores e isto pode gerar remunerações maiores. Não significa que você deve escolher os produtos mais baratos. Significa que você deve entender o que pode estar por trás de uma recomendação.

CONSULTOR FINANCEIRO: Trata-se do profissional que faz recomendações de investimento e que é remunerado pelo cliente. Este profissional normalmente pode não conhecer todos os detalhes sobre um determinado produto, porém tem uma visão mais ampla e conhece o suficiente para fazer recomendações e diferenciar os produtos pelas principais características. A desvantagem do consultor é que ele pode indicar os produtos, mas é o próprio cliente que precisa procurar cada um dos profissionais das áreas e fechar individualmente com eles.

GERENTE DE CONTA DE UM BANCO: Este profissional tem o papel mais conhecido entre os especialistas do mercado. Muitas vezes ele não é um especialista. Conhece superficialmente alguns produtos financeiros e isto se deve ao grande número de gerentes e de pontos de distribuição. O modelo mais comum é ter um consultor de investimentos que serve vários gerentes de conta, de várias agências. O relacionamento cabe ao gerente de conta e este deve utilizar o consultor de investimentos para ajudar nas recomendações de produtos financeiros.

A rotatividade dos bancos é grande e não é raro você encontrar gerentes com níveis de conhecimento bem distintos. O modelo de remuneração destes profissionais acaba comprometendo muito da relação com o investidor. Os bancos priorizam produtos de crédito e isto faz com que as avaliações por parte do gerente já fiquem comprometidas desde o início da conversa com um cliente. Muitos já devem ter ouvido em um ambiente social, ao lado de um amigo ou colega, algum comentário de um gerente de conta que confirma que recebe "recomendação" para vender um determinado tipo de produto. Produtos de crédito e previdências estão entre os preferidos e mais rentáveis para os bancos.

PLANEJADOR FINANCEIRO: Tal como o consultor financeiro, o planejador financeiro também é remunerado pelo cliente. A diferença é que este profissional tem conhecimento sobre as várias áreas diretamente relacionadas com as finanças pessoais de um indivíduo. Outra comparação com o consultor é no que tange ao conhecimento de investimentos. Não é regra, mas é comum que um planejador financeiro pode ter menor conhecimento sobre alguns tipos de investimentos e, neste caso, ele precisa recorrer a especialistas quando necessário. É este profissional que pode ajudar o cliente a pensar em um planejamento de longo prazo.

Principais mensagens deste capítulo

- *Entenda o modelo de negócios do especialista, incluindo o modelo de remuneração.*
- *Se o seu plano é de longo prazo, não se iluda por benefícios de curto prazo.*
- *Se você adquirir um produto com baixa liquidez, é ainda mais importante entender como acontece a receita do intermediário. Busque também entender que nível de serviço acontecerá durante todo o período em que você estiver investindo neste respectivo produto.*
- *Considere a opção de ter um consultor ou planejador financeiro ao seu lado e, consequentemente, remunerá-lo diretamente.*
- *Entenda um pouco sobre o papel de cada especialista com o qual você se relaciona.*

CAPÍTULO

8

Como escolher entre as opções

A primeira informação que você precisa saber é que a escolha depende de cada caso específico. De fato, é possível qualificar um produto como bom, ótimo ou excelente ou ainda, como ruim. No entanto, a convicção sobre a aplicação adequada a um indivíduo depende essencialmente da análise detalhada da situação, perfil, experiências e anseios deste indivíduo.

O problema é que não temos tempo, temos mais o que fazer e o tempo é curto para escolhermos e muitas vezes decidimos fazendo uso de algumas poucas variáveis. É muito comum alguém decidir por um investimento avaliando apenas a variável rentabilidade histórica. Decidir em função meramente da rentabilidade é cometer no mínimo dois erros: o primeiro é escolher uma única variável e o segundo é olhar exclusivamente para trás.

Desta forma, podemos começar por entender quais seriam as variáveis a se analisar antes de decidir. A informação abaixo visa dar apoio ao processo de decisão e independe de você ter alguém como um planejador financeiro ou consultor, ou ainda outro especialista que o apoie. A recomendação é ter certo conhecimento sobre a matéria para poder aliar a vantagem de ter alguém que o apoie e a confiança de entender um mínimo para facilitar as conversas com o seu conselheiro.

QUALIFICANDO PARA EFETUAR UMA BOA COMPRA

1. Qualquer investimento pode ser classificado em uma determinada classe. Exemplo: ao investir em um fundo DI, você está consequentemente investindo em um fundo que pertence à classe conhecida como Renda Fixa;
2. Cada classe de ativos tem um perfil de risco específico;
3. Diversificar é uma estratégia para mitigar riscos. Ou seja, não foque simplesmente em investir em mais do mesmo. Não replique os mesmos investimentos porque está ganhando. Procure por alternativas adicionais como forma de diversificar;
4. Uma carteira de investimentos diversificada deve conter vários tipos de investimentos, em várias classes de ativos. Façamos uma analogia com um edifício. Vamos considerar cada andar como um ativo. Os locatários ou proprietários são cotistas e dividem os custos do condomínio, tais como os investidores

em um fundo de investimento. Dentro desta lógica, se você possui um único tipo de ativo, não possui uma carteira de investimentos;

5. As classes mais presentes nos investimentos realizados no Brasil são: renda fixa, crédito, multimercado, renda variável e imobiliário. Esta última classe ganhou espaço nos últimos anos com o crescimento imobiliário e são várias as opções de investimentos disponíveis dentro desta classe.
6. É possível adquirir riscos similares utilizando veículos diferentes. Explico: vamos assumir que existe um clube de investimentos e um fundo de ações com perfis iguais. Ou seja, mesma composição de ativos com mesma participação percentual de cada ativo. Estamos falando de riscos muito parecidos com dois veículos diferentes: clube de investimentos e fundo de ações. Quando me referi a riscos foi para dizer que o risco de um investimento não está somente na qualidade dos ativos da composição da carteira. Existem critérios outros, tais como governança, que podem gerar riscos diferentes. Neste exemplo podemos considerar um fundo de ações como um instrumento ou veículo com regras mais rígidas e consequentemente com menor risco.
7. A previdência privada complementar é um investimento distinto. Diferentemente de outros ativos que fazem parte de uma determinada classe de ativos, a previdência é um veículo que pode ter um risco equivalente a renda fixa ou ao multimercado.

> A previdência também traz vantagens fiscais. A tendência é que as regras das previdências se alterem em função da diminuição das taxas de juros. Como exemplo, podemos olhar para os Estados Unidos, onde é possível investir em uma previdência que possui um perfil com 80% da carteira com risco em renda variável e 20% em renda fixa. As regras brasileiras atuais não permitem um percentual superior a 49% em ações.

Conclusão: começar nosso planejamento pelo produto pode gerar uma visão míope. Quando pensamos apenas em produtos, pensamos em "verticais", com visão pouco ampla. Entre outros, esta visão míope também pode juntar produtos bons quando avaliados isoladamente, mas que não trabalham bem em conjunto com outros.

Os produtos foram criados para atender os clientes em diferentes situações, porém os consultores ou planejadores podem estar mais preparados para fazer uso de um mesmo produto de diferentes formas. Ou seja, podem ter diferentes aplicações ou utilizações.

Ao escolher um produto, tenha em mente que você deve qualificá-lo e quantificá-lo. Um exemplo seria rapidamente chegar à conclusão de que é necessário adquirir um seguro de vida, mas ter uma tarefa mais difícil em quantificar a real necessidade de cobertura para o seguro escolhido.

Os produtos são criados para gerarem volume de receita para os seus criadores. O mercado está repleto de bons instrumentos financeiros, mas certifique-se que você está diante de alguém que possa te ajudar a configurar o produto para um determinado uso. Configurar custa. Configurar diminui margem. Configurar aumenta custo de treinamento. Configurar aumenta o ciclo de vendas. Configurar é um pouco antagônico com gerar grandes volumes de vendas. Portanto, o mercado não quer customizar. Assim é na indústria automobilística, indústria extremamente eficiente. Por que não seria na indústria financeira?

PRODUTOS DE INVESTIMENTO

O mundo dos produtos de investimento é bastante amplo em opções e bastante desconhecido do cliente comum. É comum encontrar pessoas que sabem que renda fixa é um tipo de investimento de menor risco do que um investimento de renda variável (ações de empresas). Isto é o básico. É importante saber que renda fixa nem sempre gera retorno fixo. Este mesmo mercado onde muitas vezes não encontramos a sincronia não tem a preocupação em explicar que renda fixa pós-fixada é investimento de menor risco porque é um tipo de investimento que irá gerar rendimentos de acordo com os acontecimentos do mercado (se a inflação aumenta, o governo aumenta a taxa de juros e, portanto, a minha rentabilidade aumenta).

Se nós falamos de um CDB (certificado de depósito bancário), que é um empréstimo que fazemos para uma instituição bancária, quase nunca vejo os grandes especialistas comentarem que um CDB de uma instituição que tenha risco de crédito maior paga mais juros. Tampouco ouço comentários de que embora possa haver mais risco em bancos menores, existe uma garantia fornecida pelo FGC (Fundo Garantidor de Crédito) para limites de investimentos da ordem de R$ 70.000,00. Ou seja, até o limite de R$ 70.000,00 eu posso investir em um CDB de qualquer banco porque haverá uma garantia por parte do FGC. Qual seria o motivo para que isto raramente seja dito? Porque não há interesse. O mercado está preparado para dizer que CDB se faz em grande banco e isto é dito como verdade máxima.

Não estou sugerindo a você que compre um produto de CDB em uma instituição de menor porte e em consequência, muito provavelmente, maior risco de crédito. O objetivo é mostrar que o mercado traz verdades máximas que não são verdades máximas e que podem não ser as melhores estratégias para você. O que você deve fazer? Procure um médico de sua confiança!!!

DECISÕES NA COMPRA DE UM INSTRUMENTO DE PROTEÇÃO

1. Quanto eu devo comprar?

Usemos o instrumento seguro de vida como exemplo para responder a esta questão.

O volume de capital segurado a ser adquirido depende fundamentalmente das seguintes variáveis:

a) Volume de capital segurado atual

b) Volume de patrimônio líquido (investimentos) e patrimônio não líquido, desde que este seja potencialmente convertido em líquido dentro do seu plano

c) A sua meta de independência financeira

Embora existam outras variáveis também importantes, fazendo uso apenas destas variáveis poderíamos concluir que o volume de capital segurado que eu deveria comprar no mercado seria o valor N representado abaixo.

Consideremos:

A = volume de capital segurado atual

B = Volume de patrimônio (conforme descrito no item b)

C = a sua meta de independência financeira

N = C – (A + B), sendo N o volume de capital segurado a ser adquirido.

Obviamente, a correta implantação do instrumento de proteção deve incluir a capacidade de pagamento do prêmio (custo) e outras necessidades também prioritárias que você pode ter no âmbito de suas finanças pessoais.

Saiba que na hipótese de você ter várias coisas a fazer, ou seja, vários instrumentos de proteção para adquirir, e não havendo a capacidade de compra para implantar todas elas simultaneamente, você terá duas opções que seguem:

(1) decidir por implantar o conjunto parcialmente ou;

(2) escolher por implantar o que for possível em sua totalidade. Isto significa não transferir o risco em algumas frentes e ficar com o risco. Tenha em mente que escolher é abdicar de algo.

2. Que tipo de produto eu devo comprar?

Existem diferentes tipos de produto para cada instrumento de proteção.

Saiba que existem seguros com ou sem agregados de proteção. Quando possuem agregados são mais custosos e quase sempre não vale a pena buscar se defender de várias formas em um único instrumento de proteção. Quase sempre os produtos especializadas são melhores do que os produtos que agregam vários objetivos.

3. De que companhia eu devo comprar?

O número de opções a escolher é enorme. Existem empresas de classificação de risco que avaliam a situação financeira das empresas seguradoras e disponibilizam esta informação ao mercado. Vale comentar que todas as empresas são passíveis de liquidação (quebra). O tempo aumenta a probabilidade deste tipo de evento acontecer e na história vimos muitas empresas de grande expressão mundial que foram liquidadas e comprometeram o sonho de muita gente.

Portanto, o famoso conceito de diversificar, que é muito utilizado quando o tema é como investir, também deve ser aplicado quando o assunto é proteção. Tal como em investimento, a diversificação se justifica na medida em que os volumes envolvidos são maiores. Desta forma, se você necessita estabelecer transferência de risco em altos volumes, estabeleça acordo com mais de uma seguradora. Se você tem dúvidas se o volume que você precisa pode ser classificado como grande volume, procure um especialista.

O custo de aquisição normalmente é inversamente proporcional ao risco de crédito das companhias. Também é fato que as remunerações dos intermediários tendem a ser maiores quando a companhia é menor. O simples motivo é que vender um produto de uma empresa líder de mercado, com marca notadamente reconhecida, é mais fácil do que vender um produto de uma empresa de menor expressão. Fique atento ao que lhe é oferecido.

O RISCO É SEU PAI

Em um parágrafo anterior está escrito que os produtos podem ter diferentes aplicações ou utilizações.

Os produtos de mercado podem ser utilizados de formas diferentes para mitigar um determinado risco. Um exemplo seria o uso de um plano de saúde para proteger o patrimônio de um indivíduo. Pensemos em um indivíduo que tenha um grande volume de patrimônio construído ao longo de muitos anos, que não tenha irmãos e que tenha pais vivos e que estes não tenham boa condição financeira. Os seus pais possuem um plano de saúde básico. Além dos riscos básicos que uma determinada carteira de investimento enfrenta no mercado, riscos estes inerentes ao mercado financeiro e às opções de investimento, pode acontecer de o seu pai ou mãe ter uma doença grave não coberta pelo plano de saúde do casal. O que ocorrerá será que o filho, que possui ótima situação financeira, provavelmente pagará as despesas não cobertas pelo plano e isto será como a utilização de parte do investimento construído no tempo.

O que fazer para mitigar o risco? Adquirir um ótimo plano de saúde para os pais. Com isto, você determina o valor exato que você pagará mensalmente para proteger o seu patrimônio. O produto é um plano de saúde, mas a função deste produto é de proteção de uma carteira de investimento. Se este exemplo nada tem a ver com a sua realidade de vida, procure apenas refletir sobre a estratégia escolhida e o benefício desta proteção para o indivíduo em busca de sua independência financeira. Você já tinha ouvido de alguém que uma forma de proteger os seus investimentos poderia ser um plano de saúde? Este é apenas um exemplo da aplicação adicional possível com um plano de saúde. Outros exemplos poderiam envolver outros tipos de produtos.

FAZENDO A CORRETA ALOCAÇÃO DE ATIVOS

Quem deve cuidar da correta alocação da minha carteira de investimentos? Devo terceirizar esta atividade ou eu mesmo devo executar esta função? O gerente ou a gerente de conta do banco poderia me ajudar com esta atividade?

Se eu terceirizo esta função, o que devo saber para acompanhar este serviço?

Se eu executo esta função, o que devo saber para tomar as decisões?

Você já ouviu o termo em inglês "home bias"? Bias significa viés. "Home bias" seria um preconceito em favor do que você conhece ou, ainda, é o lugar onde as pessoas se sentem mais confortáveis. É quando tomamos decisões escolhendo o que conhecemos. O investidor que conhece renda variável, investimento em bolsa de valores, tem maior tendência em investir neste mercado, independentemente de o seu perfil assim recomendar ou não.

O fato é que muitas são as opções de veículos financeiros e produtos.

O universo de investimento é muito complexo e é muito comum no dia a dia até mesmo os grandes especialistas errarem. Não existe certeza absoluta de nada e inverdade que não seja desmascarada. O tempo mais uma vez faz o papel de transformar o improvável em realidade.

É necessário buscar o equilíbrio entre o seu perfil e a escolha das opções de investimento.

Se você tiver uma dor de cabeça, basta tomar um remédio, mas se a dor persistir, procure um médico "financeiro".

No mercado existem opções das mais simples até as mais complexas. A escolha entre as várias opções deve ser em função da sua necessidade e do nível de complexidade requerido. É possível que para você baste alguém independente te ajudando nas escolhas no seu banco. É possível que você precise acessar algumas boas opções externas ao seu banco. É possível que você necessite de uma bela diversificação em termos de produtos e parceiros de negócios e isto aumenta a relevância de um consultor financeiro que possa integrar todas as iniciativas.

Em resumo, o que é bom para um, pode não ser bom para outro.

ALGUNS CONCEITOS IMPORTANTES SOBRE INVESTIMENTOS

- Benchmark (índice de referência)

- SELIC X CDI
- Ibovespa
- Rendimento nominal x rendimento real
- Custo médio de aquisição
- Prêmio pelo risco de mercado

Benchmark: O benchmark é usado em diferentes áreas e pode ser definido como melhores práticas em busca de excelência em produtos e serviços. Em investimentos, benchmark é utilizado como a base de comparação de um investimento em relação à classe de ativos. Exemplo: o benchmark utilizado pelo mercado para comparar um investimento de renda fixa é o CDI, que é medido em base percentual. Um investimento em renda fixa pode ter um resultado inferior ou superior a 100% do CDI. Veja a definição de CDI para melhor entender.

SELIC X CDI: SELIC é a sigla para Sistema Especial de Liquidação e Custódia, criado em 1979, com o objetivo de tornar mais transparente e segura a negociação de títulos públicos. A taxa básica de juros da economia brasileira, como também é conhecida, é definida nas reuniões do Comitê de Política Monetária do Banco Central (Copom).

A taxa SELIC é a média de juros que o Governo Brasileiro paga por empréstimos tomados dos bancos e pode-se dizer que ela é originada de taxas de juros efetivamente observadas no mercado. A taxa pode ser decomposta em duas parcelas: taxa de juros reais e taxa de inflação no período considerado. O indicador é importante para a política econômica, porque o Governo usa essa taxa como instrumento de controle da inflação.

SELIC é o depositário dos títulos emitidos pelo Tesouro Nacional e pelo Banco Central do Brasil e responsável pela emissão, resgate e pagamento de juros, além da custódia.

Quando a SELIC aumenta, os bancos preferem emprestar ao Governo porque ele paga bem e, quando cai, preferem emprestar dinheiro ao consumidor e conseguir um lucro maior. Assim, quanto maior a taxa, mais caro fica o crédito que os bancos oferecem aos consumidores. Quanto mais alta for, menos dinheiro se terá circulando no mercado, consequentemente menos procura por produtos e serviços.

Os movimentos da SELIC interferem nas mais diversas aplicações financeiras. Alguns dos investimentos mais populares, como os fundos DI e renda fixa, têm como Benchmark o CDI (Certificados de Depósito Interfinanceiro), que, por sua vez, tende a acompanhar a taxa básica de juros. O CDI é o instrumento com que as tesourarias dos bancos negociam recursos de curto prazo. A média das taxas negociadas entre os bancos é calculada diariamente e usada como referência para aplicações financeiras.

As taxas SELIC e do CDI tendem a ser muito próximas e por isso, um fundo DI ou de renda fixa, que tem como objetivo acompanhar o CDI, detém títulos públicos federais indexados à taxa básica de juros em suas carteiras. O CDI é como uma taxa espelho da SELIC, mas enquanto um é estabelecido pelas negociações entre os bancos, a outra é definida pelas operações com títulos do governo.

Fonte: Banco Central do Brasil

Ibovespa: É o benchmark ou referência mais utilizado para comparar retornos de investimentos de produtos da classe renda variável. Existem outros índices, porém o Ibovespa é o mais comum entre eles. Diferentemente do benchmark CDI, que é medido em percentual e tem como referência um valor inferior ou superior a 100% do CDI, o Ibovespa é medido em valor nominal e desta forma, é comparado com um retorno absoluto de um produto ou ativo de renda variável. Um exemplo seria um fundo de investimento que retornou 2% positivo em um determinado mês frente ao Ibovespa, que teve como retorno 1% no mesmo período. Portanto, o retorno do investimento foi superior em 1% ao seu benchmark.

Uma carteira de investimentos que normalmente pode conter ativos de renda fixa e ativos de renda variável em sua composição tem benchmark diferente para avaliar as performances individuais dos investimentos (CDI para os ativos de renda fixa e Ibovespa para os investimentos de renda variável), mas é praxe que o CDI também seja utilizado para avaliar o resultado total da carteira. Veja abaixo um exemplo de uma carteira hipotética:

Ativo	Classe	Posição Atual		Rent. nominal no ano	Rent. nominal 12 meses	Rent. x Benchmark no ano	Rent. x Benchmark 12 meses
Banco a DI Super	renda fixa	100.000,00	53,33%	4,50%	8,14%	101,35%	105,30%
Banco a Renda Fixa Inflação	renda fixa	50.000,00	26,67%	6,77%	10,10%	152,48%	130,66%
Banco a Ações Top	renda variável	25.000,00	13,33%	4,23%	7,00%	0,33%	0,99%
Banco a Ações Crescimento	renda variável	12.500,00	6,67%	4,01%	5,87%	0,11%	-0,14%
		187.500,00		5,04%	8,36%	113,44%	108,14%

Benchmark

	no ano	12 meses
CDI	4,44%	7,73%
Ibovespa	3,90%	6,01%

Vamos para as conclusões:

— A carteira possui quatro ativos, sendo dois pertencentes à classe de ativos renda fixa e outros dois à classe de ativos renda variável.

— Note que nas colunas que mostram o resultado frente ao benchmark, somente o ativo "Banco A Ações Crescimento" é que perdeu de seu benchmark em doze meses, com resultado 0,14% inferior ao resultado do benchmark no período, que foi de 6,01%. Ou seja, 5,87% de rentabilidade em doze meses versus 6,01% de rentabilidade do benchmark em doze meses.

— Note que, conforme explicado anteriormente, os dois investimentos de renda fixa possuem rentabilidade comparativa com o CDI. Ambos tiveram rentabilidade superior a 100% do CDI no ano e em doze meses.

— Note ainda que os dois investimentos de renda variável possuem rentabilidade comparativa com o Ibovespa. Veja que a representação é nominal. Ou seja, o ativo "Banco a ações top" rendeu 0,33% acima do Ibovespa no período, resultado da subtração 4,23% — 3,90%.

— O resultado percentual da carteira é representado em percentual versus o CDI, 113,44% no ano e 108,14% em doze meses. O fato de os percentuais serem superiores a 100% do CDI é positivo.

Rendimento nominal x Rendimento real: Os resultados que visualizamos nas tabelas de rentabilidade dos fundos demonstram o rendimento nominal do investimento. No mesmo período pode ter havido uma inflação de maior ou menor impacto. O rendimento real é o rendimento nominal descontado da inflação. Em uma economia como o Brasil, que possui uma taxa de juros nominal ainda alta, embora em período de quedas contínuas, é extremamente importante avaliar o efeito da inflação no crescimento do patrimônio. O que importa é o ganho real que obtemos e, portanto, a equação rendimento nominal descontado da inflação é o que interessa. O cálculo se dá da seguinte forma. Supondo uma rentabilidade nominal de 8% e inflação de 3% durante um mesmo período. Rentabilidade nominal igual a 8%. Rentabilidade real é calculada com a seguinte fórmula: (108,00 / 103,00) -1 = 0,0485 ou 4,85%. Isto significa que o real crescimento foi um pouco inferior a 5% no período.

Custo médio de aquisição: É uma estratégia de investimento que pode ser usada com qualquer moeda. A premissa é investir um valor regular e recorrente durante um período longo. Se isto é feito em um investimento que tem volatilidade ou, em um termo mais fácil, variação para cima ou para baixo, o custo médio faz com que o investidor adquira mais cotas do investimento quando o valor da cota cai e vice-versa quando o investimento sobe. Em prazos longos, o custo médio é normalmente um aliado do investidor.

É mais fácil entender este conceito e os benefícios em uma visão numérica e gráfica.

Tabela comparativa do resultado do índice Ibovespa e Taxa SELIC entre os meses de Janeiro de 1998 e Junho de 2011 (gráfico na página seguinte).

O cenário considera um investimento mensal de R$ 1.000,00 durante todos os meses do período acima apontado para comparação do resultado entre investir no índice Ibovespa e investir na taxa SELIC.

Valor final do patrimônio se investido totalmente em renda fixa (representado pelo retorno em taxa SELIC) = R$ 485.268,66.

Valor final do patrimônio se investido totalmente em renda variável (representado pelo retorno em Ibovespa) = R$ 521.856,68.

Portanto, o resultado da estratégia de renda variável foi melhor. O que teria gerado esta diferença? Seria o resultado superior do índice Ibovespa em relação à taxa SELIC?

Veja a representação gráfica abaixo para entender o que ocorreu.

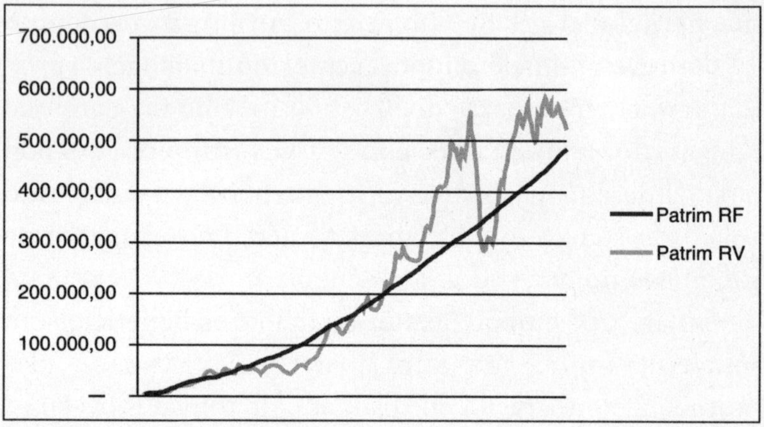

Patrim RF – Total acumulado em Renda Fixa
Patrim RV – Total acumulado em Renda Variável

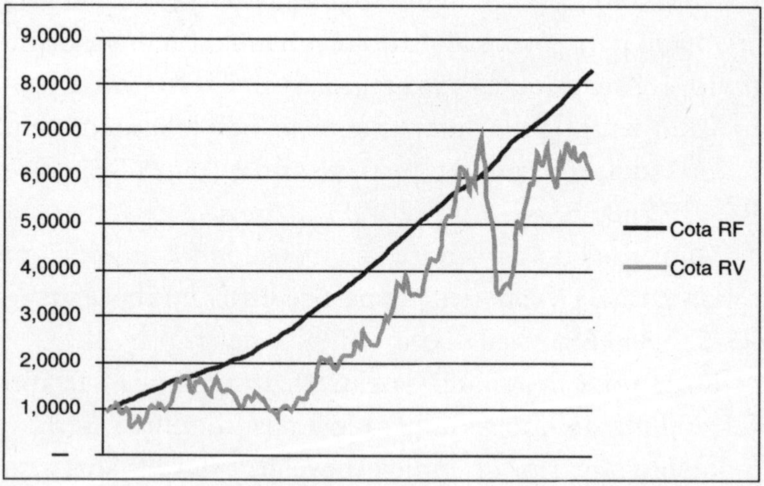

O prazo é longo e, portanto, dá credibilidade para a análise.

O primeiro gráfico demonstra a evolução patrimonial das opções renda fixa e renda variável e o segundo gráfico demonstra a evolução das cotas de renda fixa e renda variável durante o período.

Se um investidor fizesse um aporte único de qualquer valor em bolsa de valores em janeiro de 1998 e outro fizesse o mesmo investimento em um fundo DI, o resultado do investidor de bolsa ficaria 28% aquém do 2° investidor. Com isto poderíamos concluir que ganharia mais dinheiro o investidor que optasse por investir em ativos indexados ao CDI.

O resultado é inverso ao cenário anterior que considera contribuições mensais e iguais durante todo o período. Tal como o exemplo anterior, não importa qual é o valor da contribuição mensal e o resultado será o mesmo.

A conclusão é que investindo mensalmente, ganharia mais o investidor em renda variável e não investindo mensalmente, ganharia mais o investidor em renda fixa.

Investidor 1: Aportes mensais de R$ 1.000,00 entre Janeiro de 1998 e Junho de 2011 na bolsa de valores brasileira (Ibovespa)

Investidor 2: Aportes mensais de R$ 1.000,00 entre Janeiro de 1998 e Junho de 2011 em um fundo DI.

Resultado: O investidor 1 conseguiria um resultado 7,5% superior ao resultado obtido pelo investidor 2.

Com isto concluímos que o melhor investimento seria em bolsa de valores.

O que mudou? Por que sem investimentos mensais o resultado foi melhor para o investidor mais conservador e com investimentos mensais o resultado foi melhor para o investidor mais arrojado, que investiu tudo em bolsa de valores?

Conclusões: A primeira conclusão é que o prêmio por risco da bolsa de valores, considerando as altas taxas de juros, foi baixo. Mesmo quando o resultado foi positivo, a rentabilidade adicional não foi tão expressiva quando comparada com o cenário inverso. Ou seja, 7,5% x -28%. Outra conclusão é que a diferença se deu quando houve contribuições ou investimentos mensais. Isto se deve ao fator COTA ou custo médio de aquisição. O grande aliado de um investimento volátil ou, em outras palavras, com grande variação nos resultados, é a COTA. Os números durante o período demonstram a relevância das aquisições em momento de queda. Se você compra cotas de um determinado investimento em um momento de baixa, compra maior número de cotas e, portanto, acumula mais cotas no período. Quando acontece a valorização da cota, isto aumenta proporcionalmente o valor do seu investimento.

O que acontece com frequência na prática é que ao invés de o investidor comprar na baixa, a tendência é sair na baixa e comprar na alta. Como é notadamente muito difícil saber quando é o momento realmente de baixa ou de alta, porque para saber teríamos que antecipar o momento que ainda está por vir, uma solução cabível é comprar sempre.

Para um investidor que esteja na fase financeira de ACUMULAÇÃO (conceituação no capítulo 4), o investimento mensal tem este novo aliado, a COTA ou o custo médio de aquisição.

Prêmio pelo risco de mercado:
Exemplo:

Rentabilidade do seu Investimento	*11,00%*
Taxa livre de Risco	*9,00%*
Prêmio pelo Risco de Mercado	*2,00%*

O exemplo acima mostra que recebemos um prêmio do mercado em função do risco que assumimos. Prêmio pelo risco de mercado é o retorno que estamos buscando acima do que paga um título público em busca do risco que o investimento nos impõe.

VOCÊ QUER OS JUROS COMPOSTOS COMO ALIADOS OU INIMIGOS?

Existe muita matéria escrita sobre as leis dos juros compostos. Algumas são mais óbvias, outras, nem tanto.

É muito comum ler e ouvir que devemos começar cedo. Ou seja, comece a construir a sua riqueza quando você ainda é jovem e o tempo trabalhará a seu favor.

Uma não tão óbvia e que trabalha como feroz inimigo dos nossos objetivos é a lei que diz "não invada o seu capital", ou seja, consuma apenas a rentabilidade que obtiver além da inflação e assim protegerá o seu capital no tempo. Onde está o obstáculo? Vamos considerar o caso de um indivíduo que tem condições e começa a investir cedo e que tem visão clara dos seus objetivos futuros. Ainda jovem, é provavelmente solteiro, possui ou não um apartamento, mas o fato é que consegue investir com regularidade e se continuar desta forma, não terá dificuldade em construir a sua riqueza. Até o dia em que este jovem casa. Frase batida a que diz "quem casa, quer casa". Para este indivíduo não é problema porque, no nosso cenário, ele já conseguiu comprar um apartamento muito bom para começar a vida ao lado de sua nova companheira (obstáculo superado).

Para não fugir de algo comum, um filho chega. Planejado ou não, o casal consegue contornar a situação transformando o escritório num quarto para bebê e administrando os custos adicionais com escola, alimentação e outros. (obstáculo 2 superado).

Tudo vai bem, filho com saúde, família feliz e chega outra ótima notícia, João (história comum, nome comum) é promovido pelo seu empregador. Agora é que as coisas vão melhorar ainda mais. O investimento mensal pode aumentar e com isto só vai aumentar a probabilidade deste casal atingir a sua independência financeira em algum momento futuro. Errado. Já ouviram dizer que rico é o que ganha mais do que gasta? Pois é. O fato é que o casal decidiu trocar de apartamento porque aquele apartamento já está pequeno para suas necessidades. Quem sou eu para dizer que não está pequeno? Quem sou eu para dizer que eles não merecem algo melhor? A questão é outra. Pouco me importo com o que pensam João e sua companheira. Na prática, nem conheço este casal. O relevante desta história é que o motivo da busca por outro apartamento não é porque o apartamento está pequeno. É simplesmente porque, em tese, é possível se adquirir outro apartamento. É possível adquirir, mas João não refletiu sobre o impacto desta compra no seu plano futuro. Partiu para um financiamento, aumentando consideravelmente o nível de despesa mensal, resgatou um valor significativo de seus investimentos para dar como entrada e a partir de agora faz parte da maioria. Não consegue investir um valor com segurança, não tem mais noção do que lhe espera no futuro, mas tem um apartamento bem maior do que o anterior (obstáculo 3 não superado).

O João perdeu esta batalha, mas ainda não perdeu a guerra.

Principais mensagens deste capítulo

- *Diversificar é uma estratégia de mitigar riscos.*
- *Uma carteira de investimentos diversificada deve conter vários tipos de ativos.*
- *O risco pode ser o seu pai. Se você não entendeu o exemplo do plano de saúde funcionando como instrumento de proteção dos seus investimentos, releia com atenção.*
- *Certifique-se de que você entende a definição de "home bias" e saiba que isto pode atrapalhar as suas decisões de investimento.*
- *Um produto pode ser ótimo para alguém e não ser adequado para você.*
- *É muito importante entender sobre os benchmark porque eles são a base para avaliação do resultado de sua carteira de investimentos. Também é muito importante considerar e entender como calcular o ganho real da sua carteira. É o ganho real que lhe garantirá a manutenção do seu poder de compra.*

CAPÍTULO

9

Encare de frente questões sensíveis

REGIMES DE BENS

Já ouviu falar de um regime de bens conhecido como Participação final nos aquestos?

Como você já começou a leitura deste capítulo, eu recomendo fortemente que você leia tudo com muita atenção. O assunto está longe de ser recorrente e de ser tema de preocupação das pessoas, mas deveria ter outra prioridade na agenda daqueles que pensam em formalizar uma união matrimonial.

O assunto sobre tipos de regime de bens é tratado no Código Civil Brasileiro de 2002 e com pouquíssimo destaque nas discussões familiares. A união é um contrato como outro qualquer. Porém, como se trata de uma relação mútua entre pessoas, e isto envolve normalmente amor, carinho, fidelidade e outros sentimentos, talvez haja constrangimento ou simplesmente as partes envolvidas não consigam pensar o que pode acontecer em uma eventual dissolução. Entram sem nem saber o que pode ocorrer na saída, se acontecer.

O problema é quando ocorre a dissolução. Não há mais interesse comum e é quando as discussões acontecem. As discussões financeiras costumam ser complexas e isto independe de haver ou não filhos envolvidos. É a natureza humana. Os valores e princípios que funcionavam como alicerce da relação podem ficar em segundo plano e então podem surgir as discussões.

Se você não considera a possibilidade de problemas futuros, saiba pelo menos que a complexidade nestas relações é um dos fatores que fazem com que a área do direito de família ganhe cada vez mais projeção na área jurídica.

Quando se fala em união entre pessoas, é muito comum ouvirmos que houve um casamento com comunhão parcial de bens. No passado, não tão recente, era muito comum a comunhão total de bens. Atualmente já é mais comum encontrar pessoas que se uniram no modelo de união estável, mas muitos destes só sabem que se trata de uma união estável porque não houve o evento de núpcias.

Na prática são quatro os tipos de modalidade de regime de bens.

REGIME DE COMUNHÃO PARCIAL DE BENS

“No regime de comunhão parcial de bens, comunicam-se os bens que sobreviverem ao casal, na constância do casamento, com as exceções dos artigos seguintes." (código civil de 2002 em seu artigo 1658).

A comunhão parcial de bens compreende, em princípio, três patrimônios distintos: um só do marido, outro só da mulher e um terceiro de ambos. Pode-se dizer, em síntese, que o patrimônio particular de cada um dos cônjuges se constitui naqueles bens que possuíam antes do casamento, bem como naqueles que adquiriram na constância do casamento, que não sejam fruto do esforço comum do casal. Exemplo seriam as heranças e doações. Do patrimônio comum, fazem parte todos os bens havidos pelo esforço comum do casal, bem como as heranças e doações destinadas aos dois.

Este regime é a modalidade oficial de bens, também chamado de regime básico ou legal.

Diante de dúvidas se o bem foi adquirido antes ou depois do casamento, prevalecerá a segunda opção. Para evitar que isto ocorra, deve-se fazer o pacto antenupcial.

Na sucessão, os bens comuns são divididos entre o cônjuge sobrevivente e os herdeiros, e os bens exclusivos são divididos somente entre os herdeiros.

REGIME DE COMUNHÃO UNIVERSAL

Os bens da comunhão universal constituem um só patrimônio e assim permanecem até que venha a ocorrer uma dissolução. Ou seja, todos os bens se comunicam, ainda que tenham sido adquiridos por apenas um dos cônjuges. Existe a possibilidade de excluir um ou mais bens, mas isto deve ser estipulado em pacto antenupcial.

Seria como ter a comunhão universal como regra e ter alguns bens como exceção. Existem limites para as exclusões e isto está determinado por lei.

Alguns bens são incomunicáveis, tais como bens doados ou herdados com cláusula de incomunicabilidade. Existe uma ressalva importante nesta questão de incomunicabilidade que é o fato de os frutos não fazerem parte. Um exemplo seria um apartamento que foi doado com a cláusula de incomunicabilidade, mas que não impede a comunicação de um eventual aluguel recebido por um dos cônjuges.

REGIME DE SEPARAÇÃO TOTAL DE BENS

Neste regime todos os bens pertencem a um dos cônjuges e não se comunicam. Desta forma, cada cônjuge tem o total domínio sobre os bens presentes e futuros e responsabilidade total sobre dívidas anteriores e posteriores ao casamento. Na hipótese de falecimento de um dos cônjuges, caberá aos herdeiros a parte que lhe pertencia.

Este regime impõe a obrigatoriedade de os cônjuges contribuírem para as despesas do casal na proporção de suas receitas. Para que se estabeleça outra regra, é necessário que se faça o pacto antenupcial.

REGIME DE PARTICIPAÇÃO FINAL NOS AQUESTOS

Este é sem dúvida o menos conhecido entre os regimes. É conhecido como um regime híbrido porque se aplicam regras de regime de separação total de bens e do regime de comunhão parcial de bens. Foi introduzido no novo código civil de 2002.

Caracteriza-se pela existência distinta de dois patrimônios, sendo cada um pertencente a um dos cônjuges, como se fosse um regime de separação total de bens. Esta situação permanecerá até que ocorra a dissolução conjugal e então será feita a apuração dos bens adquiridos (aquestos) pelos cônjuges durante o casamento.

Esta apuração, na prática, pode não ser tão simples e o que se faz é um balanço contábil para identificar qual foi o crescimento patrimonial de cada um dos cônjuges. Daí o fato de ser necessário que se faça um pacto antenupcial que discrimine os bens das partes. Os bens que forem adquiridos durante o casamento, por força exclusiva de um dos cônjuges, não se comunicam. O balanço contábil serve para igualar os ganhos obtidos pelas partes durante o casamento.

Na hipótese de um dos cônjuges ter enriquecido mais do que o outro, este último terá direito à metade do saldo encontrado.

A administração dos bens que não se comunicam poderá ser feita pelo seu proprietário sem que seja necessária a interferência do outro cônjuge e poderá haver venda dos bens móveis.

O código civil também prevê a impenhorabilidade e a inalienabilidade do direito à meação (direito a metade dos bens comuns do casal para cada cônjuge) no líquido dos aquestos durante o casamento.

Quando há a dissolução do casamento por falecimento, o procedimento é o mesmo, sendo que a parte que caberia ao cônjuge que veio a falecer será de seus herdeiros.

OUTROS CONCEITOS IMPORTANTES, RELACIONADOS COM O DIREITO DA FAMÍLIA

ALTERAÇÃO DO REGIME DE BENS

Esta alteração não era possível até o novo código civil de 2002. Desde então é possível, se a vontade for de ambas as partes e se o pedido for formalizado ao juiz. Caberá ao juiz decidir pela conveniência da mudança levando em restrição da possibilidade de fraude e conta a ressalva dos direitos de terceiros.

DEVERES E DIREITOS PATRIMONIAIS ENTRE OS CÔNJUGES

Esta é outra novidade que veio com o código civil de 2002. É dado ao casal o direito de administrar os bens comuns, porém existe limitação para venda, doação ou outros atos de disposição senão com o consentimento da outra parte. Não se incluem os bens móveis e também alguns regimes de bens pontuais. Na hipótese de uma das partes não concordar com a disposição do bem sem justo motivo, o juiz pode decidir por autorizar a disposição do bem.

Se o regime for de separação total de bens ou participação final nos aquestos, não é necessário o consentimento da outra parte, uma vez que cada um dos cônjuges pode dispor livremente do seu próprio patrimônio.

Percebam que existe uma proteção maior aos bens imóveis, independentemente de existirem bens móveis com valor superior a certos bens imóveis.

PACTO ANTENUPCIAL

O pacto antenupcial é o momento de estabelecer um contrato para salvaguardar os interesses pecuniários das partes. A própria lei estabelece limites, buscando preservar os princípios de ordem pública.

O pacto não se aplica a qualquer casal. Um exemplo é o caso da separação obrigatória de bens. Neste caso, mesmo que as partes resolvam estipular algo sobre seus patrimônios, não terá validade por ferir expressa determinação legal. O exemplo mais comum seria um indivíduo com 70 anos que desejasse fazer um acordo antenupcial (observação: a obrigatoriedade pelo regime de separação de bens por idade mínima foi alterada em 2010 do mínimo de 60 para 70 anos).

Para que um pacto antenupcial tenha sua validade, é necessário que ocorra o casamento e que sua escritura pública seja feita.

A escritura pública é um documento elaborado em cartório por agente que detém a função pública. Em caso de bens imóveis, poderá ser registrado no cartório de imóveis.

O pacto antenupcial é um acessório do casamento. Se o casamento é anulado, o pacto deixa de existir.

TIPOS DE TESTAMENTO

TESTAMENTO PÚBLICO: é feito em cartório de notas e o testador leva a escritura pública com a assinatura do oficial. É escrito pelo tabelião de notas. É mais difícil de ser anulado e tem como característica o fato de que qualquer pessoa pode ter acesso ao seu conteúdo.

TESTAMENTO CERRADO: conteúdo sigiloso, diferentemente do testamento público. Só pode ser aberto pelo juiz e se for aberto por outra pessoa, não tem validade. É escrito pelo próprio testador e é aprovado pelo tabelião. É o próprio testador quem deve "cerrar e coser" o testamento. Ou seja, fechar e lacrar o testamento.

TESTAMENTO PARTICULAR: é fácil de fazer e é o próprio testador quem deve escrever. Após a morte do testador, deve-se buscar o registro do testamento. O juiz decidirá por ouvir três testemunhas escolhidas pelo autor da ação e estes devem dizer a mesma coisa. Se por um lado trata-se do tipo mais simples de testamento, por outro, não há a certeza de sua execução.

AINDA MAIS SENSÍVEIS

Lembre-se que refletir não ofende. Espero que você não esteja enfrentando nada relacionado aos dois temas abaixo. O objetivo é alertá-lo para o que pode ocorrer. Sinta-se a vontade em discordar do meu ponto de vista. Assim acontece quando entramos na intimidade das pessoas. Intimidade e conflito são questões muito próximas. Eu pergunto se você já viu alguém questionando um filho ou filha de outro, com total razão, e prontamente recebendo uma reação contrária do "papai" ou da "mamãe". É o efeito colateral gerado principalmente porque se trata de relação afetiva.

Quero trazer para você um pouco de minhas experiências práticas durante anos de prestação de serviços para indivíduos e famílias.

EMPRÉSTIMOS EM FAMÍLIA

O cenário é comum. São vários irmãos e em situações financeiras bem distintas. O que tem uma situação mais privilegiada quer ajudar o que está em situação oposta e concede um empréstimo pessoal. As características são muito parecidas. Não há muita formalização. Muitas vezes, sequer uma nota promissória. O valor dos juros muitas vezes é superior ao CDI do mercado. Na perspectiva do credor parece um ótimo negócio porque o irmão ou a irmã é de extrema confiança. Viveram juntos por muitos anos ainda quando solteiros! Em resumo, trata-se de um empréstimo com taxa de juros muito boa e tendo como devedor alguém que conhecemos muito bem. Na perspectiva do devedor, é um negócio feito em família. Não cabe muito a ser feito pelo devedor senão pagar pelo empréstimo.

A grande diferença está na capacidade pagadora do devedor. Enquanto no empréstimo pessoal a garantia é de boa fé e se faz necessário que o devedor tenha de fato condições de pagar, na hipótese de um empréstimo a um banco, por intermédio de um CDB, existem garantias inclusive de um fundo garantidor de crédito, limitado a R$ 70 mil. Adicionalmente, no caso do irmão ou irmã, se quem deve não conseguir cumprir com os compromissos o credor pode perder parte do que emprestou e ainda comprometer um relacionamento amigável com um ente querido. Acontece muito de relacionamentos familiares terminarem por inadimplência! Pense nisto.

O QUE MUDA APÓS A MORTE DO GRANDE GERADOR DO PATRIMÔNIO

Se o gerador do patrimônio não tiver um planejamento sucessório com regras claras, poderá ver, ainda em vida, discussões entre dois ou mais daqueles que um dia já foram pequenos e indefesos em seus braços. Deve ser terrível. Na vida aprendemos lendo, ouvindo, praticando e antecipando. Já vivenciei esta situação com um cliente e o breve relato está no capítulo 6.

Principais mensagens deste capítulo

- *Refletir sobre questões sensíveis não ofende.*
- *Cuidado com acordos em família.*
- *Existem vários tipos de regime de bens e a partir de 2002 surgiu um novo regime chamado de participação final nos aquestos.*
- *São três os tipos de testamento: Testamento público, cerrado ou particular.*
- *Antes de fazer um empréstimo a um ente querido, absorve que impacto ele terá nas relações familiares.*

CAPÍTULO

10

Entenda as decisões não racionais

Os livros sobre finanças pessoais muito falam sobre economia e estatística, que são apenas parte do tema. Outra parte que também é muito importante é o perfil individual das pessoas (a diferença entre as decisões de um indivíduo quando resolve algo sozinho ou em grupo), no tipo de investidor e nas decisões irracionais, sugestionadas nos momentos da multidão.

O SEBO DE ATIBAIA

É interessante quando buscamos entender a lógica de alguns fatos atuais e nos encontramos aprendendo com informações de mais de 40 anos.

Foi o que aconteceu naquele sábado. Deixei meu carro em um lava-rápido e enquanto esperava, resolvi visitar um sebo vizinho. Fui direto para o local onde o proprietário apontou que estavam os livros de economia e finanças. Foi sorte encontrar o livro "O Jôgo do Dinheiro". Percebam que jogo era, quando foi escrito, jôgo.

Tratava-se do livro com título original THE MONEY GAME, do escritor Adam Smith, publicado em 1967. A primeira edição em língua portuguesa foi feita em junho de 1969 e foi esta edição que lá eu encontrei.

O livro é interessante do início ao fim, mas gostaria de destacar alguns pensamentos.

COMPORTAMENTO DOS INVESTIDORES EM BOLSA DE VALORES

"O impulso da ambição começa quando você vê, por exemplo, uma ação que não te pertence se movimentando. Seus amigos que possuem uma ação que dobrou. É isto que ajuda com as altas de mercado. É o movimento das pessoas que muitas vezes começam pelo impulso de ter tido acesso a uma determinada informação. De um modo racional ninguém gostaria de comprar na alta. No entanto, muita gente procura produzir uma alta. A mesma coisa acontece no sentido inverso. Quando uma ação cai, a tendência é esperar até o ponto imediatamente anterior ao ponto em que elas começam a ascender. Elas podem continuar descendo e a ideia de que você cometeu um erro e que foi traído pelo seu próprio juramento pode ser tão paralisante que você espera um pouco mais e finalmente a sua fé evapora-se por completo. As ações desceram 10% ontem e podem estar 20% abaixo hoje, um dia em que todas as notícias são más e você precisa se livrar deste problema".

SOBRE AS MULTIDÕES

"Uma das características mais marcantes de uma multidão, segundo o Dr. Le bom, é que quaisquer que sejam os indivíduos que a acompanhem, quer seu modo de vida seja semelhante ou não, suas ocupações, caráter ou inteligência, o fato de estes indivíduos terem se transformado em multidão coloca-os na posse de uma instância de espírito coletivo que os faz sentir, pensar e atuar de uma maneira totalmente diversa do que sentiriam, pensariam e agiriam se eles estivessem em estado de isolamento".

AINDA SOBRE AS MULTIDÕES

"Um indivíduo, somente por fazer parte de uma multidão, adquire um sentido de poder invencível que lhe permite ceder a instintos os quais, estando sozinho, ele teria forçosamente controlado. O sentimento de responsabilidade que controla os indivíduos desaparece quando ele vira multidão".

"O segundo elemento da multidão é o contágio. É a comunicação dos sentimentos que ninguém pode explicar e deve ser classificado entre os fenômenos da ordem hipnótica".

"O terceiro elemento da multidão é a sugestibilidade. Um estado de fascinação em que o indivíduo hipnotizado se encontra nas mãos do hipnotizador".

FINANÇAS COMPORTAMENTAIS

As Finanças Comportamentais não negam que a maioria das decisões econômicas são racionais e deliberadas. No entanto, consideram que se não forem levadas em conta também as decisões emocionais e automáticas, os modelos econômicos serão falhos para explicar o funcionamento dos mercados.

Principais Equívocos Psicológicos no Julgamento dos Investidores

Principais equívocos psicológicos que costumam acontecer nos processos de julgamento dos investidores. Você vai perceber alguma familiaridade, o que é normal, pois nosso cotidiano é repleto de decisões, algumas mais simples e outras mais complexas e nem sempre a racionalidade é respeitada nesses momentos.

EXCESSO DE CONFIANÇA E OTIMISMO

Otimismo e excesso de confiança talvez sejam os erros psicológicos mais comuns e ocorrem quando as pessoas se classificam como sendo acima da média e acham que os outros irão julgá-las melhores do que realmente são. Excesso de confiança sugere que o investidor superestima a habilidade de prever eventos futuros.

APOSTA ERRÔNEA

Quando se trata de probabilidades, a falta de conhecimento pode levar a conclusões erradas sobre eventos. Considere uma série de 20 moedas que quando jogadas caíram todas com o lado "cara" virado para cima. Numa aposta errônea, a pessoa pode pensar que é mais provável que a próxima moeda caia com o lado "coroa" virado para cima.

Essa linha de raciocínio representa uma compreensão inexata de probabilidade, porque a chance de uma moeda não viciada cair com o lado "cara" para cima é sempre de 50%.

Não é difícil de imaginar que, sob certas circunstâncias, investidores podem facilmente ser vítimas da aposta errônea. Por exemplo, algum investidor acredita que deve liquidar uma posição depois de esta ter subido por vários dias consecutivos, pois ele não acredita que esta posição continuará subindo. Por outro lado, outro investidor pode manter a posição que vem caindo por vários dias consecutivos, pois ele acredita ser improvável uma queda ainda maior. Apenas porque um ativo vem subindo por vários dias consecutivos não significa que é menor a probabilidade de subir mais nos próximos dias.

ANCORAGEM

Daniel Kahneman e Amos Tversky (1974) conduziram um estudo no qual uma roda contendo números de 1 a 100 seria girada. Então, os candidatos eram questionados se a porcentagem de países africanos membros das Nações Unidas era maior ou menor do que o número dado na roda. Em seguida os candidatos deveriam fazer uma estimativa atual desse valor. Tversky e Kahneman descobriram que esse valor aparentemente aleatório apresentado na roda mostrou grande influência sobre as respostas dadas pelos candidatos. Por exemplo, quando a roda parou no número 10, a estimativa média dada pelos candidatos foi de 25%; porém quando parou no 60, a estimativa média foi de 45%. Um número aleatório teve o efeito sugestivo sobre as respostas dos candidatos, fazendo com que as estimativas se aproximassem dos números que eram apresentados na roda – embora este não tivesse nenhuma correlação com as questões.

CONTABILIDADE MENTAL

Contabilidade mental diz respeito à tendência das pessoas de separar seu patrimônio em partes com finalidades individuais. Você conhece pessoas que têm um investimento para os filhos e que usam o limite do cheque especial? Você nunca viu alguém que trata o dinheiro da restituição do Imposto de Renda como se fosse um prêmio, não usa essa quantia para quitar as contas diárias e reserva o valor para um gasto especial? Outro caso é o de alguém que se nega a retirar dinheiro de um investimento que faz para as férias e prefere financiar o saldo do cartão de crédito. Seria mais racional, em vez de guardar o dinheiro para as férias, utilizá-lo para pagar as contas do cartão de crédito. São exemplos clássicos de contabilidade mental.

Uma maneira de evitar o mau uso da contabilidade mental é sempre lembrar que seu patrimônio deve ser analisado de forma única.

TENDÊNCIA AO EXAGERO

De acordo com a hipótese do mercado eficiente, uma nova informação deveria se refletir instantaneamente no preço do ativo. Boas notícias devem aumentar o preço do ativo e este não deve cair se nenhuma nova informação for dada. A realidade, porém, tende a contradizer a teoria. Às vezes, participantes do mercado financeiro agem de forma exagerada a uma nova informação, criando um efeito de supervalorização do ativo. Segundo a teoria da disponibilidade, as pessoas tendem a dar maior peso às informações mais recentes para uma tomada de decisão. Isso acontece o tempo todo no nosso dia a dia. Por exemplo, imagine que você viu um acidente de carro num trecho da rodovia que você geralmente usa para ir ao trabalho. Provavelmente você irá dirigir com mais cautela pelas próximas semanas. Embora a rodovia não tenha se tornado mais perigosa por causa do acidente, ter visto o acidente induziu a tendência ao exagero, porém em pouco tempo você voltará aos seus hábitos normais.

EFEITO MANADA

Um dos eventos financeiros mais conhecidos é o estouro da bolha da internet, entretanto, essa não foi a primeira vez na história que um evento como esse aconteceu. O Efeito manada é a tendência do indivíduo a imitar as ações de um grupo maior. Individualmente nem todos fariam a mesma escolha. Temos a necessidade de agir em conformidade com o grupo no qual estamos inseridos (se todos estão vendendo, tendemos também a vender). Errar em companhia da maioria é menos estressante. Já conviver com as consequências de um erro em virtude de um posicionamento oposto ao do grupo é um constrangimento que a maioria evita.

VIÉS DE CONFIRMAÇÃO

É difícil encontrar alguém que não tenha opiniões pré-concebidas. É complicado deixar de lado a primeira impressão porque as pessoas têm a tendência de filtrar seletivamente as informações e prestar mais atenção naquilo que suporta suas opiniões, ao mesmo tempo que ignoram o resto. Este tipo de raciocínio seletivo é chamado de viés de confirmação. No mundo dos investimentos, esse viés sugere que é mais provável que o investidor busque informações que confirmem sua ideia inicial a respeito de um investimento em vez de fatos que contradigam sua opinião. Como consequência, isso pode resultar em um processo de decisão errado, dado o conjunto incompleto de informações disponíveis.

VIÉS DE RETROSPECTO

Outra atitude comum acontece quando a pessoa acredita (depois do fato) que algum evento passado era previsível e completamente óbvio, quando na prática esse evento não poderia ter sido previsto de maneira razoável. Muitos eventos parecem óbvios em retrospecto. Psicólogos atribuem o viés de retrospecto à nossa necessidade inata de encontrar ordem no mundo através da criação de explicações que nos levem a acreditar que os eventos são previsíveis. Por exemplo, muitas pessoas acham agora que os sinais da bolha de internet eram óbvios. Se a formação de uma bolha fosse óbvia na época, a bolha nunca teria existido.

O tema finanças comportamentais pode explicar muitas de nossas próprias atitudes e o remédio para eventuais decisões não racionais, além de conhecer melhor o tema o ideal é refletir antes das tomadas de decisões.

Principais mensagens deste capítulo

- *O mercado financeiro continua evoluindo em complexidade e em suas ofertas, mas também continuamos a aprender muito sobre o investidor emocional e até irracional.*
- *Qualquer que seja o indivíduo, o fato de este indivíduo ser parte de uma multidão coloca-o na posse de uma instância de espírito coletivo que o faz sentir, pensar e atuar de uma maneira totalmente diversa do que sentiria, pensaria e agiria se ele estivesse em estado de isolamento.*
- *Um indivíduo, somente por fazer parte de uma multidão, adquire um sentido de poder invencível que lhe permite ceder a instintos os quais, estando sozinho ele teria forçosamente controlado.*
- *O tema finanças comportamentais é importante e deve ser entendido por você. Trata-se de um tema que independe de que conselheiro você tem ao seu lado. É parte do autoconhecimento em busca de maior eficiência no âmbito de suas finanças pessoais.*

CAPÍTULO

11

Colocando em prática

É muito comum a dúvida de por onde começar.

Alguns dos conceitos foram muito bem entendidos e desejamos que comecem a fazer parte da execução do nosso plano, mas a dúvida é por onde começar a executar o plano.

Tenho um valor já investido e agora sei que não tomei a decisão correta. Devo rapidamente alterar o investimento em função do que li?

Seria mais importante tomar as ações necessárias no âmbito dos riscos pessoais e deixar a revisão dos investimentos para um segundo momento?

Já tive a real percepção da grande dificuldade que terei em atingir a minha independência financeira. E agora? O que mudar para que o cenário futuro seja outro?

Um dos exemplos que citava o conflito de interesses entre um assessor de investimentos e um cliente reflete a realidade que estou enfrentando. Agora entendo um pouco do racional que possivelmente estava por trás de algumas das recomendações que recebi. O que devo fazer?

Várias podem ser as dúvidas em relação a colocar em prática um plano financeiro pessoal.

A primeira coisa que você deve ter em mente é que o ideal é consultar um especialista. Se, no entanto, quer dar início seguindo algumas dicas, seguem algumas:

O ponto de partida de um plano é a criação do plano. Um plano é algo vivo e você terá várias oportunidades de alterá-lo em busca de maior eficiência. Portanto, procure dar um passo de cada vez. O tempo que você dedicar a pensar sobre os seus objetivos para o desenho de um plano será devolvido a você no futuro em forma de mais acertos.

Se alguma das dicas abaixo não for bem entendida, sugiro consultar os capítulos anteriores em busca dos conceitos. Por exemplo, se tiver dúvida sobre a dica número 1, consulte o capítulo 4.

1) Defina seus objetivos futuros. Faça uso do que aprendeu em termos de alvo para qualidade de vida futura e defina o volume de patrimônio necessário para esta qualidade de vida. Ao lado do alvo, você deve estipular com que idade quer atingir este alvo.

Exemplo: quero atingir a minha independência financeira aos 55 anos de idade e ter uma qualidade de vida futura que me custará R$ 10.000,00 mensalmente.

Para tal preciso então ter acumulado R$ 3.000.000,00 aos 55 anos de idade.

Basta multiplicar a qualidade de vida futura por 300.

2) O próximo passo é descrever o patrimônio atual. O relevante neste momento é o volume, e não exatamente se parte dos seus investimentos financeiros está no banco A ou B e no fundo X ou Y.

3) Com o patrimônio atual em mãos e o alvo em termos de idade e de patrimônio futuro, descreva qual é a sua capacidade atual de investimentos. Valor mensal, se aplicável. Este número, você obtém avaliando o superávit do seu fluxo de caixa (diferença entre as suas entradas e as suas saídas).

Exemplo: você tem entradas mensais no valor de R$ 10.000,00 e tem gastos (saídas) médios mensais no valor de R$ 7.500,00. Portanto, tem capacidade de investimento médio e mensal de R$ 2.500,00.

Neste cenário hipotético você já conhece as seguintes variáveis:

Idade alvo para IFP (independência financeira plena) = 55

Alvo de Independência Financeira = R$ 3.000.000,00

Patrimônio atual = R$ 500.000,00

Idade atual = 35 anos

Capacidade de investimento = R$ 2.500,00

4) Com todas as variáveis acima já conhecidas, calcule o valor futuro do patrimônio já considerando a capacidade de investimentos apontada.

Para fazer o cálculo você pode usar uma calculadora financeira ou mesmo o próprio Excel. Veja abaixo como efetuar o cálculo em uma planilha Excel, caso ainda não saiba como fazer.

Trata-se de um cálculo de um valor futuro considerando um valor atual e um investimento mensal recorrente.

VF(TAXA;NPER;PGTO;VP;TIPO), sendo VF o valor futuro a ser calculado.

TAXA = taxa de juros por período (mês, ano ou outro período que desejar).

NPER = número total de períodos de pagamento.

PGTO = pagamento feito a cada período. Este é o valor do investimento que você considera fazer por período.

VP = valor atual dos seus investimentos.

TIPO = 0 ou 1 e indica as datas de vencimento dos pagamentos. Se indicar 1, considera fazer os investimentos no início dos períodos (ex: no início de cada mês). Se indicar 0, considera fazer os investimentos no final do período.

Como consideramos um investimento mensal de R$ 2.500,00, a taxa de juros deve ser mensal. Favor considerar os juros mensais como 0,5%.

VF(0,5%;240;2500;500000;0)

O número 240 representa o número de meses entre a idade atual e a idade alvo para IFP, isto é, 20 anos multiplicado por 12.

O resultado deve ser R$ 2.810.204,48.

Agora repita a mesma operação considerando o seu caso específico.

Após o cálculo, já terá uma visão do déficit ou superávit em relação ao seu alvo futuro, na idade especificada. No exemplo acima, que considera o alvo de independência financeira como R$ 3.000.000,00 e o resultado do valor futuro representando R$ 2.810.204,48, existe um déficit de 6,32%.

Se você visualiza um superávit, parabéns. Porém, se visualiza um déficit, saiba que o mais importante é considerar quanto tempo você possui entre a data atual e a data futura. O tempo ainda pode ser um dos seus aliados.

5) Agora mude o seu foco e avalie os riscos que podem comprometer a sua independência financeira.

Lembre ou releia alguns dos exemplos citados em capítulos anteriores. Um risco pode ser um plano de saúde que não contemple os serviços de cobertura de doenças mais críticas. Procure visualizar tudo que pode comprometer a sua independência financeira. Um evento de problema de saúde grave, uma incapacidade de exercer a sua profissão, um negócio que pode gerar perdas patrimoniais no âmbito pessoal, entre outros.

Somente depois dos exercícios acima é que você deve avaliar se você está investindo adequadamente a sua capacidade de investimento recorrente (mensal ou qualquer outro período) e o volume de patrimônio que já acumulou até aqui.

6) Carteira de investimentos

Faça uso dos conceitos de diversificação, de alocação por classe de ativos, entre outros. Se você já entendeu como deve agir no momento de contratação de um especialista, agora pode ser a hora de entrar em contato com um deles e pedir ajuda para a realocação dos seus investimentos. Tenho certeza de que estará mais preparado para criticar o trabalho, entender como esta pessoa é remunerada e assim receber recomendações mais alinhadas com os seus objetivos.

Entenda claramente o nível de serviço que ficou estabelecido entre as partes. Isto é, entenda com que periodicidade haverá o contato e que tipo de informação receberá. Um exemplo seria a recomendação por um fundo de investimentos com um nível de serviço de envio de um extrato mensal com a posição atualizada do investimento.

Mesmo considerando que o mais recomendável é consultar um especialista, se você quiser algumas dicas de como avaliar a alocação atual dos seus investimentos, seguem algumas:

O primeiro passo é entender que você deve ter uma carteira de investimentos.

Mesmo que você ainda não tenha volume suficiente para diversificar os seus investimentos em vários tipos de aplicação, é recomendável que já tenha ciência de como criar uma carteira de investimentos.

Carteira de investimentos é um conjunto de ativos, nas suas respectivas classes. É muito recomendável que uma carteira de investimentos seja composta de variados tipos de instrumentos, cada qual em sua categoria.

Veja abaixo uma carteira hipotética.

Ativo	Classe de Ativos	Valor	(%)
DI star maior	Renda Fixa	49.200,00	24,6
Renda Fixa crédito privado	Renda Fixa	19.300,00	9,7
CDB maior	Crédito	70.000,00	35,0
Galaxy Multiestratégia	Multimercado	22.000,00	11,0
Ações tutor ibovespa	Renda Variável	15.700,00	7,9
Fundo Imobiliário renda	Imobiliário	23.800,00	11,9
	Total	**200.000,00**	**100,0**

Classes de Ativos	(%)
Renda Fixa	34,3
Crédito	35,0
Multimercado	1,0
Renda Variável	7,9
Imobiliário	11,9
	100,0

Sobre a carteira hipotética acima podemos concluir:

— Trata-se de uma carteira de investimentos com ativos as cinco classes;

— Temos dois instrumentos na classe de renda fixa e um em cada uma das demais classes;

— As maiores alocações estão nas classes crédito e renda fixa. Podemos concluir que aproximadamente 70% da carteira tem posições mais conservadoras (vale ressaltar que um CDB tem risco diferente dependendo do risco de crédito do banco devedor);

— A menor alocação percentual é feita na classe renda variável que em teoria é a classe de maior risco (o risco em renda variável pode ser muito diferente, dependendo do perfil do investimento, seja ele investimento por intermédio de um fundo de ações ou mesmo em ações diretamente);

— Em teoria, as classes de ativos mais conservadoras são renda fixa e imobiliário;

— A classe de ativos crédito pode ter menor ou maior risco, dependendo de quem está do lado devedor. Um exemplo seria um CDB de um grande banco versus um CDB de um banco pequeno;

— A classe de ativos multimercado é a mais ampla das classes e mais uma vez o risco pode ser menor ou maior. Várias são as estratégias adotadas pelos fundos de multimercado e podem incluir posições em ações, entre outras;

— Por fim, a classe de renda variável é em teoria a que normalmente traz o maior risco para a carteira de investimentos. No entanto, é importante registrar que renda variável é a classe que pode gerar os maiores ganhos para a sua carteira de investimentos no longo prazo. Para que isto possa se realizar é muito importante existir uma estratégia e o apoio de especialistas ou gestores independentes.

Com as informações acima e com os seus números atuais do seu patrimônio e capacidade de investimentos, você deve avaliar se no seu caso justifica-se uma maior diversificação e rever ou iniciar a sua carteira de investimentos.

Glossário

AQUESTOS: Os aquestos podem ser definidos como os bens conquistados pelos cônjuges em comum esforço e não apenas por um deles, na constância matrimonial.

Balanço Patrimonial (Pessoal): É uma representação da sua riqueza. Coloca lado a lado os ativos e passivos que você possui e daí é extraído o seu patrimônio líquido.

CDB: Certificado de depósito bancário – são títulos emitidos pelos bancos e vendidos ao público como forma de captação de recursos. Quando você investe em um CDB está emprestando dinheiro ao banco.

FIDC: Fundo de investimentos em direitos creditórios – foi criado com a finalidade de adquirir direitos sobre créditos financeiros. O fundo capta recursos mediante distribuição de cotas cuja remuneração e resgate estão atrelados apenas ao desempenho dos ativos integrantes do fundo. Os cotistas têm direitos sobre o patrimônio e estes direitos estão divididos de acordo com dois tipos de cotas que um FIDC pode emitir: sênior ou subordinadas. As cotas seniores têm preferência para amortização e pagamento de juros e possuem um limite de inadimplência fornecido pelas cotas subordinadas. As cotas subordinadas só são remuneradas após as cotas seniores terem sido totalmente satisfeitas.

Fundo DI: São fundos de baixo risco que geram um resultado muito próximo do indicador CDI (Certificado de Depósito Interbancário). Possuem o objetivo de acompanhar os juros de mercado, investem um mínimo de 95% em papéis pós-fixados de renda fixa e um mínimo de 80% em papéis da dívida federal (títulos públicos) ou papéis de empresas com baixo risco.

"Know your client" ou Conheça o seu cliente: O termo Knowyourclient ou KYC é bastante usado no processo de cadastramento de um novo cliente por parte de um banco e um administrador de fundos, dentre outros. Trata-se do processo de identificação do perfil do cliente e é uma das melhores práticas de prevenção à lavagem de dinheiro. Outro benefício é aumentar a probabilidade de ter um investimento compatível com o perfil de investidor.

Liquidez: refere-se à facilidade com que um investimento pode ser convertido em dinheiro. É o grau de agilidade de conversão de um investimento sem perda significativa de seu valor

Patrimônio líquido: total de ativos menos o total de passivos

Volatilidade: é a variável que mostra a intensidade e a frequência das oscilações nas cotações de um ativo financeiro. Quanto mais um investimento varia o seu valor de mercado para cima ou para baixo, maior é a volatilidade deste ativo.

QV: Qualidade de vida.

Qvf: Qualidade de vida futura.

Algumas frases para reflexão

Há anos venho coletando algumas frases que considerei interessantes. Abaixo, algumas delas que trazem mensagens importantes para o planejamento financeiro pessoal:

O MAIS IMPORTANTE NÃO É OBTER A INFORMAÇÃO, MAS SABER ANALISÁ-LA: vejo muita informação ser trocada entre provedores e clientes e muita informação que não se sabe analisar. Decida junto com o seu consultor que tipo de informação e periodicidade de envio é do seu benefício. Isto se chama nível de serviço. Aprenda a analisar a informação e a partir daí o compromisso do seu parceiro ou provedor já será maior na prestação de serviços.

O MELHOR PRODUTO DO PLANEJAMENTO É O APRENDIZADO PARA NÃO REPETIR ERROS AN-

TERIORES: este aprendizado pode ser em função de erros próprios ou de terceiros. Um médico prescreve um tratamento baseado em um prontuário novo ou anterior, em um exame clínico, exames complementares e da vivência de outros casos na área médica, e não necessariamente de pacientes que foram dele. Em planejamento financeiro é o mesmo. Cria-se um prontuário, o exame clínico, avalia-se as condições do cliente e com a experiência no atendimento de outros clientes ou da experiência ouvida ou lida, surgem as recomendações. Um motivo a mais para você buscar o seu médico financeiro.

PREVER É DIFÍCIL, ESPECIALMENTE SE É SOBRE O FUTURO: isto parece básico, mas é bom termos em mente que análises do que é possível acontecer levam em consideração o histórico, e o futuro muitas vezes não repete o passado. Desta forma, é bom apostar que você pode errar e tomar atitudes que diminuam o efeito do não previsto.

REALIDADE ATUAL: TEMOS QUE ACUMULAR MAIS RECURSOS EM MENOR ESPAÇO DE TEMPO, PORQUE DEIXAREMOS DE TRABALHAR MAIS CEDO E TEREMOS MAIS TEMPO DE VIDA NÃO REMUNERADA: é uma tendência. O tempo "viver de renda" tem se estendido. Muitos executivos já começaram suas transições antes dos 50 anos. A próxima etapa pode ser uma nova carreira, mas nem sempre isto é possível ou é do desejo e ambição das pessoas. A realidade é que alguém com 55 anos que não tem atividade profissional viverá por outros 35 anos esta fase "viver de renda". Se você olhar para trás verá que a realidade de gerações anteriores era bem diferente. Alguns dizem que a medicina evolui tão rápido que muito em breve muitos dos que estão vivos viverão além dos 100 anos. Esta lógica está mudando radicalmente a forma de pensarmos o planejamento financeiro de longo prazo.

SE VOCÊ NÃO DECIDIR O QUE QUER PARA O FUTURO, ESQUEÇA A ESTRATÉGIA: esqueça tudo que está escrito neste livro, caso você não tenha a menor intenção de saber para onde você vai.

Agradecimentos

Agradecer é também explicar um pouco da razão por que se escreve. Não fosse o fato de eu ter decidido mudar a minha carreira, em 2004, estas palavras não estariam em uma página de um livro. A ideia de criar uma empresa voltada ao planejamento financeiro não foi minha. A mim coube apenas comprar a ideia e deixar o empregador da época. Agradeço, portanto, ao meu ex-sócio Oliver que foi o mentor.

É praxe agradecer a alguns dos entes e faz todo sentido também para mim. Agradeço a minha esposa, minha companheira, que sabe que uma mudança radical de carreira gera muitas pedras no caminho. Agradeço do fundo do meu coração pela ajuda na "varredura" destas pedras.

Este livro foi composto em
Electra LT Std para a Leya
em fevereiro de 2013.